知识就在得到

我能做销售吗

史彦泽 崔相年 张磊 穆熙双 邵慧宁 口述

章凌——编著

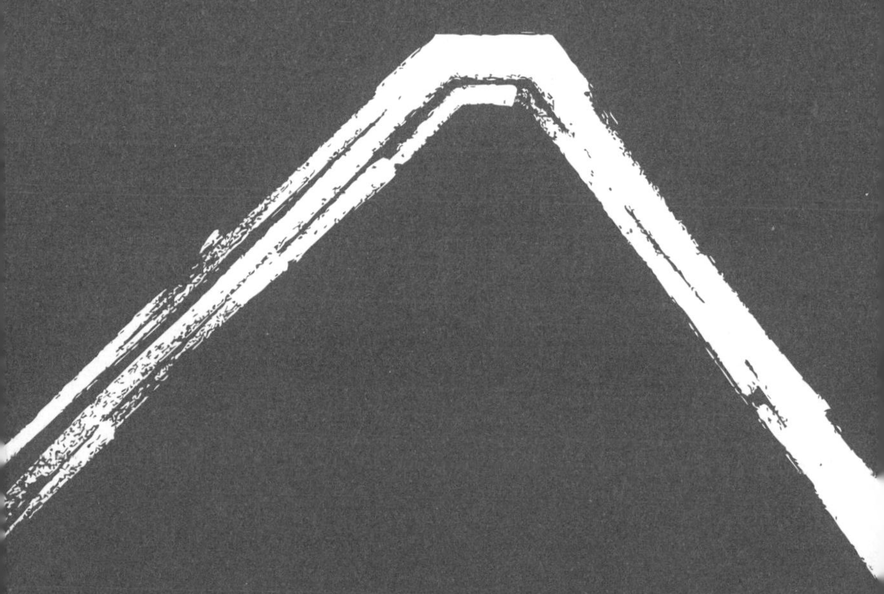

新星出版社 NEW STAR PRESS

总序

怎样选择一个适合自己的职业？这个问题困扰着一代又一代中国人——一个成长在今天的年轻人，站在职业选择的关口，他内心的迷茫并不比二十年前的年轻人少。

虽然各类信息垂手可得，但绝大部分人所能获取的靠谱参考，所能求助的有效人脉，所能想象的未来图景……都不足以支撑他们做出一个高质量的职业决策。很多人稀里糊涂选择了未来要从事大半辈子的职业，即使后来发现“不匹配”“不来电”，也浑浑噩噩许多年，蹉跎了大好年华。

我们策划这套“前途丛书”，就是希望能为解决这一问题做出一点努力，为当代年轻人的职业选择、职业规划提供一些指引。

如果你是一名大学生，一名职场新人，一名初、高中生家长，或者是想换条赛道的职场人，那么这套书就是专门为你而写的。

在策划这套书时，我们心中想的，是你正在面临的各种挑战，比如：

你是一名大学生：

· 你花了十几年甚至更久的时间成为一名好学生，毕业的前一年突然被告知：去找你的第一份工作吧——可怕的是，这件事从来没人教过你。你孤身一人站在有无数分岔路的路口，不知所措……

· 你询问身边人的建议，他们说，事业单位最稳定，没编制的工作别考虑；他们说，计算机行业最火热，赚钱多；他们说，当老师好，工作体面、有寒暑假；他们说，我们也不懂，你自己看着办……

· 你有一个感兴趣的职业，但对它的想象全部来自看过的影视剧，以及别人的只言片语。你看过这个职业的高光时刻，但你不确定，在层层滤镜之下，这个职业的真实面貌是什么，高光背后的代价又有哪些……

你是一名职场新人：

· 你选了一个自己喜欢的职业，但父母不理解，甚至不同意你的选择，你没把握说服他们……

· 入职第一天，你眼前的一切都是新的，陌生的公司、陌生的同事、陌生的工位，你既兴奋又紧张，一边想赶紧上手做点什么，一边又生怕自己出错。你有一肚子的问题，不知道问谁……

你是一名学生家长：

· 你只关注孩子的学业成绩，仿佛上个好大学就是终身归宿，但是关乎他终身成就的职业，你却很少考虑……

· 孩子突然对你说，“我将来想当一名心理咨询师”，你一时慌了神，此前对这个职业毫无了解，不知道该怎么办……

· 你深知职业选择是孩子一辈子的大事，很想帮帮他，但无奈自己视野有限、能力有限，不知从何处入手……

你是一名想换赛道的职场人：

· 你对现在的职业不太满意，可不知道该换到哪条赛道，也不清楚哪些职业有更多机会……

· 你年岁渐长，眼看着奔三奔四，身边的同学、朋友一个个事业有成，你担心如果现在换赛道，是不是一切要从头再来……

· 你下定决心要转行，但不确定自己究竟适不适合那个职业，现有的能力、资源、人脉能不能顺利迁移，每天都焦灼不已……

我们知道，你所有关于职业问题的焦虑，其实都来自一件事：**不知道做出选择以后，会发生什么。**

为了解决这个问题，“前途丛书”想到了一套具体而系统的解决方案：一本书聚焦一个职业，邀请这个职业的顶尖高手，从入门到进阶，从新手到高手，手把手带你把主要的职业逐个预演一遍。

通过这种“预演”，你会看到各个职业的高光时刻以及真实面貌，判断自己对哪个职业真正感兴趣、有热情；你会看到各个职业不为人知的辛苦，先评估自己的“承受指数”，再确定要不要选；你会了解哪些职业更容易被 AI 替代，哪些职业则几乎不存在这样的可能；你会掌握来自一线的专业信息，方便拿一本书说服自己的父母，或者劝自己的孩子好好考虑；你会收到来自高手的真诚建议，有他们指路，你就知道该朝哪些方向努力。

总之，读完这套“前途丛书”，你对职业选择、职业规划的不安全感、不确定感会大大降低。

“前途丛书”的书名，《我能做律师吗》《我能做心理咨询师吗》……其实是你心里的一个个疑问。等你读完这套书，我们希望你能找到自己的答案。

除了有职业选择、职业规划需求的人，如果你对各个职业充满好奇，这套书也非常适合你。

通过这套书，你可以更了解身边的人，如果你的客户来自各行各业，这套书可以帮助你快速进入他们的话语体系，让客户觉得你既懂行又用心。如果你想寻求更多创新、跨界的机会，这套书也将为你提供参考。比如你专注于人工智能领域，了解了医生这个职业，就更有可能在医学人工智能领域做出成绩。

你可能会问：把各个职业预演一遍，需不需要花很长时间？

答案是：不需要。

就像到北京旅游，你可以花几周时间游玩，也可以只花一天时间，走遍所有核心景点——只要你找到一条又快又好的精品路线即可。

“前途丛书”为你提供的，就是类似这样的精品路线——**只需三小时，预演一个职业。**

对每个职业的介绍，我们基本都分成了六章。

第一章：行业地图。带你俯瞰这个职业有什么特点，从业人员有什么特质，薪酬待遇怎么样，潜在风险有哪些，职业前景如何，等等。

第二至四章：新手上路、进阶通道、高手修养。带你预演完整的职业进阶之路。在一个职业里，每往上走一段，你的境界会不同，遇到的挑战也不同。

第五章：行业大神。带你领略行业顶端的风景，看看这个职业干得最好的那些人是什么样的。

第六章：行业清单。带你了解这个职业的前世今生、圈内术语和黑话、头部机构，以及推荐资料。

这条精品路线有什么特色呢？

首先，高手坐镇。这套书的内容来自各行各业的高手。他们不仅是过来人，而且是过来人里的顶尖选手。通常来说，我们要在自己身边找齐这样的人是很难的。得到图书依托得到 App 平台和背后几千万的用户，发挥善于连接的优势，找到了他们，让他们直接来带你预演。我们预想的效果是，走完这条路线，你就能获得向这个行业的顶尖高手请教一个下午可能达成的认知水平。

其次，一线智慧。在编辑方式上，我们不是找行业高手约稿，然后等上几年再来出书，而是编辑部约采访，行业高手提供认知，由我们的同事自己来写作。原因很简单：过去，写一个行业的书，它的水平是被这个行业里愿意写书的人的水平约束着的。你懂的，真正的行业高手，未必有时间、有能力、有意愿写作。既然如此，我们把写作的活儿包下来，而行业高手只需要负责坦诚交流就可以了。我们运用得到公司这些年形成的知识萃取手艺，通过采访，把各位高手摸爬滚打多年积累的一线经验、智慧、心法都挖掘出来，原原本本写进了这套书里。

最后，导游相伴。在预演路上，除了行业高手引领外，我们还派了一名导游来陪伴你。在书中，你会看到很多篇短小精悍的文章，文章之间穿插着的彩色字，是编著者，也就是你的导游，专门加入的文字——在你觉得疑惑的地方为你指路，在你略感疲惫的地方提醒你休息，在你可能错失重点的地方提示你注意……总之，我们会和行业高手一起陪着你，完成这一场场职业预演。

我们常常说，选择比努力还要重要。尤其在择业这件事情上，一个选择，将直接影响你或你的孩子成年后 20% ～ 60% 时间里的生命质量。

这样的关键决策，是不是值得你更认真地对待、更审慎地评估？如果你的答案是肯定的，那就来读这套“前途丛书”吧。

丛书总策划　白丽丽

2023 年 2 月 10 日于北京

目录 CONTENTS

目录 CONTENTS

打单实战

03 进阶通道

管理路线

目录 CONTENTS

目录 CONTENTS

06 行业清单

序言

如果你换过工作，或者正站在择业的十字路口，你可能会发现，销售是最容易迈入的一行。食品、化妆品、健身器材、服装、母婴用品，以及面向企业客户的各类商品，都需要销售去售卖。

销售是商品价值的传递者，是通过买卖商品、促成交易来获得报酬的职业。只要身处商业社会，任何人都不可避免地要与销售打交道。这份职业就在身边，缺口大，急需人才，自己要不要选择？而这份职业究竟适不适合自己，未来又能带给自己怎样的收获？这一切，你都必须三思而后行。

围绕销售职业的种种偏见

你可能和很多人一样，对销售职业心怀偏见。

也许你认为销售这一行整天求人买东西，没什么前途，不仅自己不会干，如果自己有孩子，也不会同意他从事这一行。但你可能不知道，根据相关统计，世界500强企业的老板、CEO（首席执行官）当中，有超过50%的人是销售出身，比如著名企业家李嘉诚、董明珠，都是从一名普通销售做起，一步步达到了事业高峰。为什么看似不够体面、没有前途的职业可以让人跨越阶层，攀上高峰？这一职业对人的要求是什么，又会带给人怎样的收获呢？

也许你认为销售这一行门槛不高，也不需要什么职业技能，只要说话利索、喜欢与人打交道、会喝酒就行。但你可能不知道，有关销售方法的理论总结体系繁多，即便是经验丰富的销售人员，也需要不断学习，在实践中打磨自己。优秀的销售都是终身学习者，是对自己最“狠”的人。那么，销售的职业技能都包含了哪些要素？为什么一名销售要反复跟自己死磕才能达到卓越？

也许你认为做销售必须脸皮厚，不怕拒绝，而自己脸皮很薄，所以干不了这行。但你可能不知道，销售固然需要有一颗强大的内心，但其实他们在心理建设上也有科学的方法。当你以为他们正在遭受打击时，你其实并不知道他们真实的想法和思考逻辑是什么。

人们对销售职业误解重重，以至于很少有年轻人在走出校门前认为自己将来会成为一名销售。但世界就是这么有趣，即使你并不是一名销售，在工作的过程中，面对越来越激烈的市场竞争，你会突然发现，自己的职业其实包含了很多销售的工作内容。尤其是当你晋升到比较高阶的职位，比如会计师事务所的合伙人、独立执业的律师、建筑师团队的负责人、影视公司的制片人、咨询公司的经理等，你的工作职责通常不再局限于某一个具体的专业环节，更重要的是帮助公司或者团队拿下订单，拿到项目。你需要参加一场又一场提案或者竞标，竞争对手会和你抢单，而你必须紧握自己的优势，向别人推销自己，推销自己的团队和专业技能。这时候，你确定自己不是一名销售吗？

销售距离我们如此之近，而它的职业技能又可以迁移到各行各业。在商品社会中，了解销售职业的特点和方法论，也许是我们每个人生存的必修课。

揭开销售职业的面纱

市场上的销售类书籍其实很多，有销售管理咨询大师的经典著作，有顶尖销售的经验总结，有大厂销售部门的发展历程……和它们相比，这本《我能做销售吗》有何特殊之处呢？

《我能做销售吗》不聚焦于销售理论，也不是案例集合。

作为“前途丛书”的一员，这本书将目光投向了一名销售从业者真实的职业进阶之路。我们邀请资深从业者现身说法，从新人要面对的技巧学习、习惯养成和心理压力，到成为资深销售后需要具备的思维方式，再到进阶为销售管理人员后要面对的团队建设、选用育留等，所有内容都将围绕这一行业的真实问题展开。这是一本把理论吃透，在案例中成长的职业经验之书。

5位受访老师，有的是“世界500强”企业的销售精英，有的是互联网及制造业的销售冠军，有的是服装和汽车销售领域的顶尖人才。他们将从各自不同的经历出发，分享成长路上的宝贵经验。

史彦泽，大家都叫他Allan。他曾是戴尔中国的Top Sales（顶尖销售），后来在近200名竞争者中脱颖而出，成为软件巨头SAP[1]为数不多的华裔销售。他一路拼搏，在担任多年SAP中国商业用户部总经理后选择创业，创立了销售管理软件公司“销售易”。之后，该公司获得了腾讯连续数年的战略投资，成为全球营收增长率最高的CRM系统（Customer Relationship Management，客户关系管理系统）厂商之一。

十几年来，史彦泽就像一个“布道者”，在中国这个典型

1. 思爱普，一家总部位于德国的企业软件供应商。

的人情社会，反复倡导销售和销售管理的科学方法。他直接面对中国企业的销售管理人员，为他们梳理销售流程，解决销售环节中的切实痛点。他对于销售和销售管理的系统化认知，以及对全球顶级公司销售最佳实践的总结，构成了本书的基本逻辑。销售人员的核心素质是什么？销售如何运用销售漏斗进行自我管理？销售冠军遭遇瓶颈，如何选择职业发展方向？史彦泽的分享一定会对你有所启发。

张磊是得到 App“跟张磊学做 ToB 销售”课程的主理人。在《我能做销售吗》的调研阶段，我们把这门课从头到尾听了一遍。销售为什么要把自己看成一个项目经理？在面对竞争时，销售该如何寻找差异化优势？当自家产品无法完整解决客户痛点时，销售要如何拉动内外资源，赢得订单？如果你曾经在得到 App 听过张磊老师的课程，那么在本书中，你会进一步了解他的方法论及其背后的逻辑，还有他关于自我成长、职业规划等问题的思考。

《我能做销售吗》的另一位主要贡献者是崔相年老师。当我们和他取得联系时，他在得到 App 知识城邦坚持不懈地更新已经有 700 多天了。作为曾经的互联网大厂 SaaS[1] 产品的销售高管、某电商集团企业大学营销学院的负责人，以及知

1. Software as a Service，软件即服务，就是让用户能够通过互联网连接和使用基于云的应用程序，如电子邮件。

名销售教练，他的分享里处处是思考，字字有灵光。而在采访中，他分享的内容也是干货满满，大到对客户意愿的判断、销售策略的制定、团队的配合，小到一张名片如何递出去，在与客户交谈时什么情况要停顿几秒……这些干货不仅来自实践，更有着强大的理论基础。

穆熙双在一家全球老牌豪华车品牌的4S店工作了十几年，曾经是这家店的Top Sales，现在已经是管理几十人团队的销售经理了，同时还是这个品牌的金牌认证讲师。但他在最初应聘这个岗位时，却因为性格内向、不善言辞而被反复考验。那么，不被任何人看好的他，是如何成功的呢？

邵慧宁毕业于英国知名大学。研究生毕业后，她果断回国，一头扎进了服装店，每天除了卖衣服就是叠衣服。家人、邻居的嘲笑与不理解没有改变她的选择，她执着于零售业的实践与方法论的总结，每一个动作都在思考，每一次感悟必成文章。经过多年奋斗，她现在已经是一家知名服装连锁零售品牌的零售总监了。她在奋斗的路上，都有哪些心得？

5位老师的分享会为我们清晰地勾勒出销售职业的面貌。这个职业可以使人跨越阶层，实现梦想，但它又极其艰难，需要过人的意志才能攀至高峰。一名成熟的销售，可能要遭遇成百上千次拒绝、冷眼；他们被选择、被挑剔，以极高的频率经历人情冷暖、世态炎凉。但正如通往天堂的路时常要经过地狱，获得财富与荣耀，也必然要经受痛苦与磨难。在销售职业金字塔的顶端，我们会看到以一顶百的销售专家，会看到精英高管，也会看到成就非凡的企业家。

从来没有哪个职业会令人感到如此极端的反差，它挑战人性，也使之闪光；它低若尘埃，却通向云端；它十分古老，诞生于货币出现之前，但却一路伴行文明，直指未来。

选择成为一名销售，需要激情，更需要坚韧和缜密。为了向你详细描述销售职业的样貌，让你做出最适合自己的选择，我们真诚邀请你翻开《我能做销售吗》这本书，5 位老师将带你预演一名销售人员完整的成长历程。让我们开始吧！

章　凌

CHAPTER I

第一章 行业地图

欢迎来到销售的世界。

在本书的第一章，我们会为你展示一幅关于销售这个职业的全景地图。你会看到：

· 销售这个职业会带给从业者哪些益处和积累，又需要从业者面对哪些弊端和挑战？

· 什么样的人适合做销售？从事这一职业需要具备哪些素质？

· 销售有哪些分类，不同类型的销售各自有什么特点，又有哪些共性？

· 销售有哪些职级，不同职级的收入如何？

· 销售会面临哪些职业风险？

· 销售在未来可以有哪些转行的机会？

通过这些问题，你会对销售这个职业有一个基本的认知，为接下来的职业预演之旅做好准备。

为什么选择做一名销售

特点：销售工作的利与弊

· 崔相年

对于任何一家公司来说，销售岗位都很重要，但大多数年轻人在步入职场前，心目中的理想职业通常都不会是做销售。的确，销售不是一个坐在办公室里，凭借耐心、细心和专业知识就能完成的工作。

先来说说这份工作的弊病。

销售需要走出去拜访客户，付出高强度的体力和精力。

销售可能会经常面对别人的拒绝和冷脸，因此必须拥有强大的内心，能够在经历一个接一个的挫折后及时调整心态，迎接下一个挑战。

销售的收入极易出现起伏不定的情况，能签单的月份还好，不签单就只有微薄的底薪，甚至没有收入。要想每个月都能拿到薪水，销售的工作状态就必须长期“满格”，一天都不能松懈。

销售工作的淘汰率特别高，每个职级都有对应的任务量，没有达到就可能被降级，甚至直接被淘汰。

销售进入瓶颈期特别快，入行后大约两年就会面临新单乏力的局面。这时候，你如果有做管理者的潜质，可能会晋升为基层主管或者销售经理；如果没有这方面的潜质，即便得到晋升，最后也会因为种种困难而选择离开。要是没有得到晋升，一直停留在基层销售岗位上，你就必须想办法突破业绩瓶颈，做好持久开发客户的准备。以我多年的经验，在最后一种情况下，很少有人能坚持下来，选择转行是大概率的事情。因为销售需要长时间保持高昂的热情才能做下去，而一个人不可能永远保持这个状态，除非他自己当老板，卖自己的产品。

以上都是销售工作的弊端，很多人因此对这个职业望而生畏。但我要告诉你，销售工作也有独特的魅力，它是一个能让你获得丰厚积累，实现梦想，甚至跨越阶层的职业。

首先，这是一份永远不会让你感觉乏味的工作。你每天都会接触陌生人，并逐步与其中一些人建立信任，甚至成为朋友。通过这种方式，你可以积累丰富的人脉，你会了解他们的处境与面临的问题，甚至难关；你会知道他们的喜好和梦想；你会从他们身上汲取新鲜的经验和养分。

其次，这是一份永远与客户站在一起的工作。客户的需求五花八门，销售要结合自己销售的产品，为客户解决问题，或者帮他实现愿景。客户的需求会不断推动你想出新鲜的点子，比如话术、产品组合、价值点选取、服务和商务策略等，在激烈的市场竞争中为客户提供差异化服务，并说服客户接受。这些点子也会迅速在客户那里得到反馈和验证，从而让你有机会快速做出调整，实现迭代，这种成长和成就感是非常让人兴奋的。

最后，这是一份可以拓宽业务视野的工作。销售工作与供应链、产品研发生产、财务、法务等企业运营的全链条流程都会产生千丝万缕的联系，销售人员很自然地会对各个环节有比较充分的了解，他们不仅知道什么产品好卖，客户的需求是什么，还知道运输中哪里容易出现问题，生产速度会受哪些因素影响，财务给出的账期如何调整，合同中要避免哪些漏洞，等等。

人脉的积累、为客户提供差异化服务的能力、对企业运行的全链条理解，所有这些都可以让你的人生有机会迈向更高的台阶。很多优秀的销售最终都成了企业的 CEO、董事长，因为相比其他岗位，销售出身的人更善于从客户的角度思考问题，也更能直接地承担起开拓市场的责任，让企业获得更多客户和订单。

此外，在销售工作中积累的行业经验和人脉，也使很多人最终走上了创业的道路，开始独撑一片天。现在很多创业公司的逻辑是，先有一个创业计划，然后去找风险投资，在不断试错中寻找公司的方向。但如果有比较丰富的针对某一行业的销售经验，那么你在决定创业的那一刻，对于做什么，怎么做，第一批客户在哪儿，大概率已经心中有数，不依靠风险投资照样可以起步。

拿我来说，我过去在几家互联网公司做 SaaS 管理软件的销售工作，之后进入一家互联网大厂的企业大学负责营销学院。这一系列积累，使我后来敢于做出创业的决定。我现在的工作方向是给企业的销售做技能提升训练、实战辅导等，过去销售 SaaS 系统时的一些长期客户在第一时间成为我现在的客户。他们对我的信任，帮我度过了创业初期的艰难时光，让我在做出特别成熟和满意的产品之前，心里不至于那么慌。

通往梦想的道路从来都荆棘密布。选择销售这个职业，就意味着选择了风险。你会比从事其他职业遭遇更多的挫折，体会更多的人情冷暖，但如果坚持做下去，你获得的回报也是其他职业无法相比的。

基石：做销售可以准确把握客户的真实需求

· 邵慧宁

很多年前，我在一位著名经济学家的著作中看到过这样一句话："未来的世界属于店长。"对于这句话，我想加一个定语，那就是"未来的世界属于有一线手感的店长"。

什么是"有一线手感"？就是扎扎实实沉下心来，从店铺里的日常工作做起，接待进店的客户，做好服务，促进成交。

拥有"一线手感"有哪些好处呢？

第一，对零售业务的一线手感，会让你在遇到问题或者困难时，拥有切实可行的思路和方法。比如业绩下滑、成交率不高这件事，大部分企业都遇到过。但成交率不高只是结果，原因是什么呢？企业中的数据分析师会进行很多分析，比较各种数据、研究市场等，然后开个会，大家讨论一下就结束了。这样的分析往往是无效的，不知道原因，自然找不到解决问题的方法。

比如，老板、总监、各级经理天天都在喊提高成交率，但怎么做才能提高成交率呢？我的工作习惯是把复杂的问题拆解到最小单位。"成交率"的意思是，每100个顾客进店，有多少个顾客最终买单。如果要抓成交率，我不可能跟员工说，昨天100个顾客里有5个顾客买单，今天你要提升到8个顾客买单。这个指令员工是没办法执行的。

但成交率是可以进行拆分的。

比如，按时间拆，可以拆为星期一、星期二、星期三……星期一的成交率特别低，这是店铺的普遍现象，因为星期一店员都忙着调陈列和开会，没有时间管顾客，所以解决方案是什么就很清晰了。

再比如，按空间拆，可以把顾客购物的过程拆分成：第一，顾客从店门口走过，进入店铺，这叫进店率；第二，进入店铺后，他愿意去触摸商品，这叫触摸率；第三，触摸到商品后，他愿意去试穿，这叫试穿率；第四，他试穿以后，愿意去买单，这叫买单率。后面三个加在一起，就组成了成交率。

成交率是一个很抽象的概念，很难有抓手，但经过拆解，如果你把注意力放在触摸率、试穿率、买单率上，就能清楚地知道应该怎么做了。客户进店后，店员尽可能引导他去摸一摸衣服；在摸衣服的时候，尽量让他去试穿。我们公司有一套试穿设备，可以统计每天有多少个顾客进店试了衣服，每个顾客试穿了几件，这个数据和最后的成交率放在一起，就能知道要把成交率提高到某个数字，就得把试穿率做到多少了。

试穿率上来了，成交率也就跟着上来了。当然，提高触摸率和试穿率的前提，是你要了解客户的诉求，这也是只有在现场才能获得的手感。如果不走到现场去看，却天天喊着成交率，这没有任何意义。

第二，对零售业务的一线手感，会让你更加理解用户的诉求，从而在营销、策划、产品设计等方面做出更加落地的方案，而不会出现纸上谈兵、空中楼阁的问题。

很多商家都会在一些特殊的节点搞促销活动，其中一些公司会特别强调自己的品牌调性，想在宣传品牌理念的同时，实现业绩转化，也就是既想看着高大上，又要吸引顾客，但这个过程特别容易走偏。比如，有的店铺会在门口摆放“30% off”的字样，外国人肯定懂，问题是有几个中国人知道这是三折还是七折？再比如，一个以海洋节为主题的广告牌，店铺用一堆大号字把理想生活和产品理念写得特别好，却把折扣写得非常小，顾客要读完所有的字才知道你打几折。其实，顾客路过这个广告牌就几秒钟时间，根本没有耐心盯着看完所有字，他最关心的多半就是打几折。

零售店铺是品牌或公司跟客户唯一直接面对面的接触点，是与客户距离最近的地方，也是了解客户的捷径。不管你将来是独立做企业，还是在公司中扮演其他角色，比如做产品和品牌方面的工作，如果不懂得客户真实的诉求、业务发生的真实场景，就很容易做出偏离客户的决策。**销售工作**

虽然看上去十分琐碎，但其实是与客户直接接触的第一线，是培养市场一线手感的最前沿。所以，不管你将来的路怎么走，拥有销售一线的工作经验，了解客户的真实需求都是你发展的基石。

销售是一份怎样的工作

种类：销售工作的分工与差异

· 崔相年

在日常生活中，每个人都接触过各式各样的销售，比如卖房子的房产中介，卖汽车的汽车销售员等。在大多数人眼里，他们只是卖的东西不同，工作的本质方法可能没什么差别。但事实并非如此。

销售大致可以分为 ToC 和 ToB 两种。

首先，这两类销售面对的客户不同。

ToC 销售直接面对产品的个人消费者。我们平时见到的服装店导购员、电器销售员、房产中介、汽车销售顾问等，都是 ToC 销售，他们售卖的一般是满足我们日常生活需要的产品或服务。

ToB 销售面对的是企业客户。其中又分为两种：一种是直销，销售员面对的企业是产品的使用者。直销又分为针对中小企业的普通直销和大客户销售，大客户是规模比较大的集团型客户，订单数额大，影响因素多，很多公司都会专门组建大客户部。另一种是渠道销售，销售员面对的企业是各类销售机构，比如代理商、各级分销商、批发商等。

其次，这两类销售面对的决策链条长短不同。

在 ToC 业务中，客户购买产品时的决策链条比较短，自己或者与家庭成员讨论后就能做决定。比如服装，客户从发现商品、试穿到购买，可能只需要十几分钟或几十分钟，家用电器的购买决策也大多在一个月左右，而像房子这样价格比较高的商品，真正有需求的客户，决策时间往往不会超过一年。

同时，ToC 业务售卖的产品往往与个人生活息息相关，因此消费者的感受、情绪等非理性因素会极大地影响成交。比如购买汽车的客户，很可能在去 4S 店之前已经做了非常详细的产品对比，心中圈定了一款车型，但经过销售员对另外一款车型未来使用场景的描述，就突然改变了主意；再比如一个女孩子到服装店购买一条心仪已久的裙子，在付款前突然听同伴说谁谁谁也有这么一条，她很有可能会立刻放弃购买。

而在 ToB 销售中，企业客户在做决策时非常理性，他们会全面了解产品的各项性能和指标，进行一系列市场调研和多方面验证。销售员在面对渠道客户时，主要任务是说服他拿出自己的资源售卖你的产品。比如你要说服某省规模最大的零售商拿出自己所有二三线城市的店面来卖你的产品，同时放弃卖竞品。这实际上意味着你和他要组成一个命运共同体。产品怎么样，能卖出去多少，不仅关乎你的业绩，更关乎他整个公司的命运。所以，渠道客户做决定时考虑的因素会非常多，也会更加举棋不定。对此，你要付出更多耐心，给到更多的服务。不仅如此，如果客户正在进行招投标，你还要面对若干轮竞标，过程就更加复杂了。

同时，企业客户的决策链条都比较长，需要几个部门的负责人，甚至老板共同认可后，才有可能成单。

一般来说，ToB 销售在面对直销客户时，最少要搞定三个角色：产品使用部门的负责人、采购部的负责人，以及老板。这三个角色中，究竟哪一个是这单生意的关键决策人，哪一个需要重点做工作，需要销售人员根据实际情况观察判断。

除此之外，企业中的其他人也可能会对这单生意产生影响。比如你去见产品使用部门的负责人 A，而他的办公室里还有另外两个人，你在和 A 沟通时，那两个人也一直在听，但你并不知道这两个人到底是干什么的，会不会给 A 一些不利于自己的意见。这时候，你就要在适当的时机问清楚这两位的身份，有分寸、有针对性地进行沟通；如果实在问不出来，你也要尽力给他们留下一个好印象，而不能当他们不存在。

企业客户的决策链条，短则几个月，长则好几年，我有一个客户就是在我持续跟进了近4年之后才成单的。不仅如此，ToB销售在流程中还可能会发生各种意想不到的变化。比如几个关键人已经认可，准备签单了，采购部突然说，因为某项额外支出，公司今年没预算了，那你就要了解预算问题的来龙去脉，看看是否存在突破的可能。这一切都需要你有超强的耐力，持续克服各种困难，为了一单生意锲而不舍，并懂得在各个阶段采取不同的方式发力。

再次，这两类销售的收入结构不同。

个人消费者数量多，成交速度快，决定了ToC销售可以按月考核成单数量。比如一些4S店分配给销售员的任务是一个月卖出15辆车，电器零售商要求销售员一个月卖出10台冰箱，等等。ToC销售的收入构成以提成为主，底薪相对较低，有的甚至没有底薪。

而企业客户，尤其是大客户的决策链条长，ToB销售的成单数量不可能很多，经常是半年不开单，开单吃半年，甚至一年不开单。所以，ToB销售的底薪相对要高一些，比如在一些软件公司，销售每月的底薪一般在六七千元，成单后的提成和奖金也比较丰厚。另外，ToB销售的考核除了看成单数量，也会看销售各环节的数据，比如销售员这个月拜访了多少位客户，提交了多少个方案，做了几次报价，等等。销售员可以不成单，但必须对客户有所推动。

最后，这两类销售的积累性不同。

在有些行业，ToC 销售业务有点儿像播种和收割麦子，种一茬割一茬，看起来收成不错，但是每年都得重新种。比如一个人买了一套房，第二年几乎不可能再和你成单，最多为你介绍别的客户。所以，你必须大量开拓新客户。

而 ToB 销售业务看似难度大、周期长，却是一个长期积累的业务。就像种果树，你今年种了一棵小树苗，这棵树苗会慢慢长大，之后每年都可以收果子。比如我之前做的 SaaS 业务，企业购买这套系统后，第二年就会涉及升级、续费、复购等事项。如果企业第二年增加了 10 个员工，一个员工一年 2000 元，那续费的时候就会增加 20000 元。如果你第二年提供了好的服务，第三年企业还会续费。

如果你正在考虑做一名销售，我的建议是，你可以先做 ToC 业务，把基本技能学到手，入门之后，再去做 ToB 业务，面对更复杂的局面，应对更困难的挑战，在一个行业内积累自己的能力与实力。

性质：销售是艺术，还是科学

· 史彦泽

一个有趣的现象是，虽然从事销售的人很多，而且几乎每家公司都有销售岗位，销售部对任何一家公司来说也极其重要，但我们的学校，不论是中专、大专还是大学本科，都没有开设销售专业，只有营销专业。

另一个有趣的现象是，把一群能说会道、八面玲珑的人凑在一起组成一个销售部，然后把这些人直接扔到市场里，不做太多培训与管理，能拿到订单的留下，拿不到订单的走人。这是过去二三十年很多企业的做法，只要能拿到订单，过程怎么样无所谓，让每个销售人员各显神通就好。

这两种对销售工作的认识，正是所谓销售管理模式中的“艺术派”，认为“销售是一门艺术”。很多人觉得销售是一个纯粹的实践性工作，对人的能力要求往往是口齿伶俐，八面玲珑，善于和人打交道，善于说服别人，等等。这些能力被看作与生俱来的特质，是只可意会、不可言传的“艺术”。的确，在企业创立初期，尤其是在我国市场经济刚刚启动的年代，“艺术派”帮助企业初步获得了市场。但当市场环境逐渐规范，企业需要规模化发展时，“艺术派”就会面临很多问题。

从选人来说，能说会道、天生善于跟人打交道的人就一定适合做销售吗？不见得。我见过太多这样的人，业绩低迷，甚至入职不到三个月就面临淘汰，不得不转行；也见过很多性格沉稳甚至内向的人，最终成为世界500强企业的Top Sales。

从管理来说，纯粹以结果为导向、不在乎过程的管理模式，也会造成人员流动大、用人成本高、市场不稳定的局面。

那么，销售如果不是“艺术”，又是什么呢？

我国的销售职业出现得比较晚，人们对它的认识也有待更新。我从大学毕业到创办“销售易”之前，一直在欧美企业从事销售工作，不论是在戴尔、思科，还是在SAP，我都深深感到，**销售不是艺术，而是可以进行系统化解构、标准化管理的科学。**

科学，意味着可复制、可量化。

“可复制”是说，每个公司都可以根据自身的产品特性和以往优秀销售人员的最佳实践，把适合自己的销售流程和方法加以提炼、定义。比如有的公司把销售流程解构为7个步骤，有的公司则解构为9个步骤，每个步骤怎么做，要用到哪些工具，具体的话术和案例等，都是可以进行规范的。定义好销售流程后，公司就可以把这种规范化动作批量复制，将其融入日常的销售培训和管理当中。销售流程可复制，意味着好方法不再仅仅是几个 Top Sales 的独门秘籍，而是所有销售人员都要掌握的基本技能。有了规范化流程，工作中应该做哪些动作，在某个阶段应该说什么、做什么、做多少，都能了然于心。

“可量化”是说，销售人员每一个动作的数量和成功率，其实都是可以计算的。比如在初步接洽的客户中，大约有 10% 可以确定需求；在确定需求的客户中，大约有 30% 可以进一步提报方案；在提报方案的客户中，大约有 50% 可以报价；在进入报价阶段的客户中，有 70% 可以进行商务谈判；之后有 80% 可以签单。按照公司计算出的赢率，销售人员就可以大概知道这个月为了完成公司派发的任务，要打多少电话，拜访多少客户，提报多少次方案，对每一个动作的工作量有一个清晰的规划。如果把每一步工作都做到位，结果就不会有太大问题。

“销售是一门科学”的理念，将过去被看作天赋、“只可意会不可言传”的能力转化为可复制、可量化的销售流程，这不仅对销售个人有极大的好处，对企业负责人来说，也有非同小可的价值。

销售部有几十个、几百个一门心思想要挣钱的销售，每个人的资源和经验都不同，个个都很能干，把这些人凑在一起，作为企业负责人，该怎么管理呢？如果只要结果，不管过程，那很有可能会面临两种局面。第一，各个销售leader（领导）各自为政，只给你一个结果，至于他怎么培训和管理团队，你根本插不上手。如果有一天他带着团队集体离职，你损失的不仅是这些人力，还有大量的客户信息。第二，如果不做过程管理，到月底或者年底，迎接你的往往是惊讶或者惊喜。惊讶，肯定不会是什么好结果；惊喜，意味着整条供应链要快速做出反应，难度不小。

企业负责人总是希望能对每月、每年的销售结果有准确的预估。运用科学化的管理方式，把每个销售人员的销售过程管理起来，不仅可以及时掌握和调整销售人员的工作节奏和工作量，给予更加精细的指导，还可以预估出每月、每年的成单数量，从而使整个供应链和售后管理有章可循。

过程可控，结果才可控，对企业是如此，对个人更是如此。能说会道、八面玲珑的销售固然容易在工作中打开局面，但真正能够长期取得好业绩，在这一行中有所作为的人，大多是善于将自己和别人的优秀经验进行拆解，做流程化复制的人。他们可能性格内向，也可能不是那么八面玲珑，但可量化、可复制的工作方法，能够让他们一步步达到卓越。

什么样的人适合做销售

共性：自驱是优秀销售的真正门槛

· 史彦泽

销售在360行里其实是一个被人“看不起”的职业。在古代，商贾的社会地位不高，在“士农工商”中排在最末位。而在最近几十年，销售也没有真正被人尊重。在很多人眼里，销售要想让别人买自己的东西，就得会搞关系，甚至要给回扣。他们的工作方式多半是“请客吃饭”“陪吃陪喝陪玩”。大多数销售都精于世故、能说会道、善于搞定人情，而这样的人，在我们的传统价值观里是不被认可的。

所以，如果哪个小孩子跟父母说自己长大后想做一个销售，那他的父母多半会非常生气。他们可能会对孩子说，这是一个没出息的差事，只有没手艺、活不下去的人才会靠耍嘴皮子讨生活。

但是，随着中国企业的不断进步，现在销售职业已经发生了巨大转变，成为一个专业化程度很高的工作，对从业者的综合素质有非常多的要求，并不是随便什么人都可以做好的。大浪淘沙，销售这一行总是有一大批人进入，又有一大批人离开，真正能留下来做到顶尖水平的，在任何公司都是少数。那么，究竟什么样的人适合做销售呢？这其实是一个可以进行科学化分析的问题。

我们公司的主要业务是为企业提供客户关系管理系统，所以我和许多公司的销售总监或者老板都有比较深入的交流。在聊到什么样的人适合做销售时，我发现大家的意见并不统一：有的喜欢具备多年销售经验的人，有的喜欢在本行业做过技术或运营岗位的人；有的认为口才第一，有的认为诚实可靠第一；有的偏好刚刚毕业的大学生，认为他们如一张白纸一般，比较好培养，而有的根本不看重学历。销售职业似乎没有什么明确的门槛，不管什么样的人，只要能拿到订单就是好样的。

于是，我们经常看到这样的情况：在一个公司内部，销售总监认为应该招这样的人，但华南区的一个销售经理却喜欢另一种人，华东区的销售经理又喜欢其他类型的人。这就导致一个公司的销售人员类型五花八门，水平参差不齐。这种现象到底好不好？我认为不好。一个公司开始规模化发展的时候，必然要面对标准化问题，否则很多制度和决策是推行不下去的。企业负责人或者销售总监控制不了销售经理招什么样的人，已经成为销售行业的一个普遍痛点。

一些很早就开始对销售部进行科学化管理的公司，从以往的最佳实践中提炼出了最适合本公司发展的销售人才画像，国内几家比较著名的大厂就有着清晰的选人标准。在它们的标准里，有一个共同的核心——自驱。

“自驱”是隐藏在一个人的言谈举止、学历、形象等表象之下的深层次的欲望，是一个人“冰山下面的东西”。它决定了一个人是否勤奋，是否抗压，是否能在挫折中不断自我迭代。

事实上，很多公司的人才画像都会围绕“自驱”来展开，比如阿里巴巴就把销售人员的人才画像定义为：又傻又天真，又猛又持久。

“傻”“天真”不是说智商不行，而是说不要太敏感脆弱，不要自作聪明。销售每天都会遇到挫折，甚至天天吃闭门羹，被客户拒绝，受的委屈比较多。天性敏感脆弱的人，在挫折面前，可能会觉得自己没必要受这份罪：我大学毕业，不比别人差，为什么工作要天天看别人脸色，至于吗？而自作聪明的人往往会在遇到挫折后，把问题归结到公司其他部门身上，认为自己之所以业绩不好，是因为公司的产品不行、营销不行、管理不行……这时候，他很可能会跟几个要好的同事说，咱们赶快撤吧，换一个地儿。其实，每个公司都有不完善的地方，不自作聪明的人不会被这些负面信息所干扰，而是会单纯地关注自己应该做些什么。

“猛”“持久”是说一个人能够卖力地去执行，一根筋地去干，有那种咬住目标不放松的“轴”劲。销售工作很多时候都是在完成一个字——追，持久地追，只要客户没有明确跟你说他已经选择了其他产品，就不能放弃。同时，为了成单，销售对潜在客户的拜访量必须要高，其辛苦程度可想而知，没有一股子轴劲，是不可能干出好业绩的。

与阿里巴巴相比，华为在招聘销售时的人才画像更加具体和直接：好学校毕业，家是农村的，刚到城市，工作没多久，换句话说，就是好学校里的“贫寒学子”。这个人才画像的背后是对销售工作的深层理解。一个小地方来的青年，家里没什么积累，想在大城市出人头地，只有一条路可走，就是拼。拼什么？拼学历？学历要求高的职业不一定挣钱多，况且自己的学历也未必比别人强。拼资源？更谈不上。那拼什么？销售虽然像许多其他职业一样，也遵循“二八定律”，真正能做到顶尖的人很少，但它还有一个特点——金字塔尖上的人能够积累到丰厚的综合能力和社会资源，在此基础上，他就有机会真正跨越社会阶层。所以，心怀成功梦想的贫寒学子往往是人群当中最有拼搏精神的，困难和挫折在他们面前根本不值一提，他们倒下后能迅速爬起来，拍拍身上的土，继续往前冲。

自驱，是销售这一行真正的门槛。

如果你正在考虑成为一名销售，那么你首先应该问问自己，是否有足够强的想成功的欲望，是否能够为了成功经受住一个又一个挫折，并且越挫越勇。

差异：不同的销售，能力要求不同

· 穆熙双

汽车销售其实并非只有一般人在4S店里看到的店面销售一种，而是“海、陆、空”三支部队联合“作战”。“陆军”是指平时在店铺展厅工作的销售顾问，专门接待进店散客；“空军”是指电话销售，根据各渠道获得的销售线索去核实、筛选潜在客户，把他们邀约进店，转给销售顾问；“海军”是指大客户部，他们需要走出去拜访企业客户，谈大额订单，甚至是战略合作。

针对不同岗位，门槛其实有不同的侧重。比如电话销售，对学历、经验等要求不高，除了口齿伶俐是基本要求外，最重要的就是抗压能力。电话销售打出去的电话，90%以上都会被拒绝或者直接挂断，成功率非常低，一个人的内心再怎么强大，每天承受这样的压力也是一件不容易的事情。电话销售的薪水不高，岗位流动性比较大，能坚持做下去的人少之又少。

大客户部的销售则需要具备本科学历，有比较丰富的行业经验。除此之外，他还需要具备两项核心素质。第一，开拓市场、建立人脉的能力一定要强。我认识一位大客户销售，每次出差，坐一趟飞机，他就能换回几张名片，加几个微信好友，有时候甚至连对方家里的情况、所属公司是否有订车需求都能摸清楚。第二，耐心一定要强。既然是大客户，内部组织结构一般都比较复杂，决策链条也比较长，一个客户要跟很久才能成单，所以销售一定要具备超强的耐心，做好长期跟进的准备。

而对于主战场在店铺的销售顾问来说，要求则比较综合，抗压能力、市场开拓能力和耐心都需要具备。

我在面试销售顾问时，比较关注应聘者是不是有足够的动力和决心在这个职业上发展。对此，我一般会提两个问题：

第一，你人生的三年规划是什么？

从这个问题中能看出你入行的初心，也就是到底有多想挣钱。如果你的回答只是“三年争取进步，各方面都有提高”这样虚幻的说辞，多半表明你其实没有那么强的挣钱欲望，没有清晰的目标。而如果你并不缺钱，只是为了有一份工作、有一个地方交社保才来应聘，那你肯定干不了销售顾问的工作。你可以去做前台，保证正常出勤，做到基本的商务礼仪就行。4S店的前台对性别没要求，男女都可以。

做销售，如果目标不明确，就很难坚持下来，很可能在第一年就放弃了。我们招的人一定要目标明确，比如三年内要达到年薪50万元，五年内要给家里换套房，等等。你可能觉得这样的目标太现实、太物质，但这样的人往往能不断面对困难，最终达成比较好的业绩。

但挣钱欲望过强，还有另一种相反的情况——一看短期内挣不到钱就马上离开，频繁跳槽，在哪家公司都做不长久。遇到这样的人，我们通常会进行背景调查，如果短期内频繁从多家公司离职，那就说明他是一个不太容易坚持的人，我们是不会录用的。汽车销售的圈子其实很小，在这个行业时间久了，同品牌的人基本都认识，不同品牌的人也认识很多，所以做背景调查很容易。

第二，试用期你能坚持下来吗？

在3个月到6个月的试用期内，你的日常就是学习和辅助其他销售做一些零碎的工作，只能维持温饱……通常我会把种种不利情况先摆在应聘者面前，直接问他是否能接受这样的条件，是否能坚持下来，以此看他入行的决心。

我还会关注他是不是有一技之长，也就是能吸引客户的东西。比如我们店有一个已经干了两年的销售顾问，过去是做奢侈品销售的。他的业绩特别好，一个原因是他之前的客户圈层比较高，豪华车型的消费能力强；另一个原因是他讲故事的能力很强。虽然他对车的了解没有我们这些“技术流”深入，但是他会用非常感性的语言描述车的使用场景。比如客户想把车送给女儿，他就会在车辆讲解中穿插很多场景式的描述，让客户想象自己的女儿开着这款车参加派对、购物或者上班时，享受到的超一流的安全保障和舒适体验，从而感受到满满的父爱。这种讲故事的能力，尤其能把高净值客户的目光引向进口豪华车，这种车的提成特别高。

如果你没有销售经验，也没什么一技之长，缺少让客户眼前一亮的东西，那我们可能要看看你的字写得怎么样，是否工整。给客户报价时，我们通常都会手写，有的人写字潦草，就会显得他心态很浮躁；而那种写字漂亮工整的人，当然会让客户觉得他认真、用心，同时，这种人的工作心态一般来说是比较平稳的。

除此之外，你的个人形象是否端庄也很重要。我们的品牌在一般消费者眼里属于高端品牌，与之相匹配，我们的销售顾问必须五官端正，形象和气质好，尤其是身上不能有很夸张的特点，比如男孩有好几个耳洞、胳膊上有文身等。

在这三个方面中，第一项所说的动力，也就是自驱力，是最重要的。如果动力不足，自驱力不够，可能你待不了几个月就会离开，这对我们来说是一种资源的浪费。我们公司的培训体系非常完善，内部会针对汽车技术、行业市场和销售技巧开展各种培训，也会定期外请教练来讲课、训练，所以，我们很看重一个人的稳定性，希望他进来后可以长远发展。汽车顾问的留存率一般在30%，也就是说招聘十个人，有三个人能坚持下来，我们当然希望你会是那三个人当中的一个。

自驱力源于人的自尊水平和自我实现的愿望。自驱力高的人不需要外部施压，自己就会快速"跑起来"，不论是学习产品、了解市场还是拜访客户，都会尽力做到最好。自驱力在销售工作中，既表现为一个人入行的初心，也就是你为什么要做这件事，也表现为当你遇到困难时的反应，更表现为你如何规划和度过每一个工作日。

在了解了什么人可以做销售后，你应该已经能够初步判断出自己是不是适合做一名销售了。不过，在下结论之前，你还需要了解一下销售的职业发展是怎样的，有哪些职级，能挣多少钱，以及可以做多久。

销售要经历哪些成长阶段

考核：业绩与职级、薪酬全面挂钩

· 崔相年

很多职业，对于从业者的业绩，都有多个维度的评判标准，比如产品质量、创新程度、行业影响力、公众口碑等，这些维度很难被量化。而销售工作成功与否，是以数字来衡量的，包括订单数量和成交金额，所以完全可以实现量化考核。销售工作压力巨大，也正是因为它的薪酬与职级完全取决于量化考核。

表 1–1 是一家软件公司的职级序列和考核标准。它在销售顾问、销售经理、销售总监和总经理四个阶段的基础上，进一步把职业路径拆分为八个职级。其中，“行业系”是管理路径，“独立系”是专职销售路径。业绩考核分为“层级指标”和“留察指标”。

表 1-1　某软件公司的职级序列和考核标准

层级	基本薪酬	层级指标	独立系层级指标	留察指标
行业总经理	20000元	行业总经理考核公司下达行业指标	年度300万元月到账25万元	独立行业总经理月到账20万元
行业副总经理	15000元	团队月到账180万元	独立行业副总月到账15万元	独立行业副总月到账12万元
高级总监	12000元	团队月到账120万元	独立高级总监月到账12万元	独立高级总监月到账10万元
总监	10000元	团队月到账80万元	独立总监月到账10万元	独立总监月到账8万元
高级经理	8000元	团队月到账50万元	独立高级经理月到账8万元	独立高级经理月到账6万元
销售经理	7000元	个人月到账7万元		个人月到账5万元
高级顾问	6000元	个人月到账6万元		个人月到账4万元
顾问	5000元	个人月到账5万元		个人月到账3万元

新人顾问连续两个月没有达到留察指标，就要被直接淘汰；达到留察指标，可以暂时留在公司观察两个月；连续两个月达到层级指标，可以晋升为高级顾问。考核以月为单位，以货款到账为标准，提成比例与到账金额成正比，到账金额在5万～10万元，提成比例为10%；到账金额在10万～15万元，提成比例为20%；到账金额大于15万元，提成比例为30%。成为高级销售顾问后，就要考虑下一次晋级是做管理岗，成为一名销售经理，还是继续走销售专业路线，做独立销售经理。

如果选择成为销售经理，那你就可以开始组建自己的团队了。但初为管理者，虽然已经开始管理两三个人，考核指标依然是个人业绩，且标准相较之前还有所提高。这就意味着，在教徒弟的同时，你还要自己出去“跑客户”，拿到更多订单。这很容易导致你陷入手忙脚乱、焦头烂额的境地，甚至出现收入下滑的局面。如果因为带徒弟影响了个人业绩，连续两个月没有达成留察指标，就要面临降级。因此，初级管理者的离职率普遍较高。

如果你所在的公司允许跳级晋升，同时你又有足够的自信，那么我的建议是，直接把业绩做到可以晋升高级经理的标准，从高级销售顾问直接晋级到高级经理。

高级经理不再针对个人业绩进行考核，而是会考核团队业绩。这时，你就可以把全部精力用在带人、做管理上。当然，从一名单打独斗的销售顾问跃迁到高级销售经理，挑战的确不小。高级销售经理之上就是总监、高级总监、行业副总经理和行业总经理，每一次晋级都要考核团队业绩。

而如果选择成为独立销售经理，你就不必花心思去组建和管理团队，只要保证个人业绩就可以了。只是作为专职销售，公司对你的业绩考核标准会越来越高，你只有不松劲地持续开拓客户，始终保持高昂的工作热情，才能在这条路上一直走下去。其间只要有两个月没达到留察指标，你就可能会被降级。

不同职级的薪酬水平有着巨大差异。基层销售的年薪可能只有 8 万～20 万元；销售经理的年薪一般在 30 万～50 万元不等；销售总监的年薪可能是 50 万元，也可能是 300 万元；而如果凭借丰富的销售经验进一步成为公司的 CEO 或者老板，那么你的收入其实是上不封顶的。

任何一条职业道路，都需要你从金字塔基座不断往上攀登，但销售这个职业的金字塔爬起来却格外艰难，每高一个职级，考核标准就大幅提高，从业人数也会大幅减少。这是为什么呢？

第一，销售工作的淘汰率特别高。

入行之初，新人在各方面技能还不是特别完善的时候，如果连续没有达成业绩，就会被直接淘汰；即便已经做到了一定职位，比如高级销售经理或者高级总监，但只要你连续没有达成规定业绩，也会面临降级。这条路没有安稳的时候，它不像其他一些职业，项目多的时候忙，项目少的时候相对轻松，而是要时刻保持警醒的状态。

第二，在晋级阶梯中，其实还隐藏着一个潜在障碍——业务的瓶颈期。销售人员从入行到进入瓶颈期的时间非常短。

入行之初，一个雄心勃勃的青年面对基层销售工作，可能会不惧任何挑战，打电话被拒绝，跑去见客户吃了闭门羹，给了方案迟迟得不到回复，报价后被竞争者 PK 掉，以为即将签单却被同行占了先机……所有这些挫折，在他看来可能都仅仅是考验。他还是会夜以继日地学习产品和行业知识，做客户调研，收集尽可能多的客户线索，增加每天的拜访量，与此同时，努力做好客户服务，争取获得转介绍。

但是，这样激情满满的生活一般不会成为人生的常态。从行业的普遍规律来看，不论是 ToC 业务还是 ToB 业务，在入行后的 1 年半到 2 年，最多 3 年，销售就会遇到职业的瓶颈：现有客户资源可能已经消耗殆尽，而进一步开拓客户，需要打造新的渠道，改变工作思路和方法，困难可想而知。同时，经过前几年的打拼，此时销售人员的工作热情也会大打折扣，显露出疲态。然而，不论是选择晋升为基层主管，还是成为一名销售专家，前提都是确保你能不断地开拓客户，有业绩产出。

所以，虽然顶级销售的收入让人羡慕，从销售进阶为企业董事长、CEO 的概率相比其他岗位要高，但是通往成功的路却荆棘密布。

在很多公司，销售晋级速度快，淘汰也快，一切全凭业绩说话，如果业绩足够好，最快两个月就可以跳一级。但是，店铺销售的情况却有所不同。作为知名汽车品牌 4S 店的销售经理，穆熙双从一名普通销售顾问成长为销售经理，花了6年时间。

机会：岗位空缺和竞聘是晋升的好时机

· 穆熙双

我们的晋升机制不依靠明确的业绩指标，是否能晋升，一是要看有没有职位空缺，有没有机会；二是要通过竞聘上岗。表1–2展示了4S店大概的职级、职责及相应的薪资。

表1–2　4S店职级、职责及薪资

层级	主要职责	每月薪资
销售总监	团队管理、制定销售策略、销售目标等	固定薪资：20000～25000元
销售经理	店铺日常管理维护、团队管理等	固定薪资：10000～15000元
销售顾问	持续开拓市场，促进成交	无责任底薪1000～2000元，另有销售提成
试用期销售顾问	协助销售顾问开展工作，了解各环节流程、要求	无责任底薪1000元

新人的试用期一般是6个月，主要任务是接受全面系统的销售技巧培训、车辆技术理论培训等，同时协助销售顾问

开展工作，比如填写各类单据、洗车、挪车、协助办理保险、协助售后等。这一时期，新人不能单独接待客户，而是要尽可能快速、完备地把工作所需的知识和技能学到手，同时熟悉工作中的各个流程、环节。

新人转正之后就成为正式的销售顾问了，销售顾问每个月都有一定的业绩指标，比如每月卖出10台或12台车，完不成就会影响整个团队的绩效。销售顾问每个月的薪资由无责任底薪和提成组成。现在的行业提成标准是：单车提成200元，如果保险也一并买了，可以加300元；如果还有二手车置换，销售顾问总共可以拿到800元提成；如果客户再做点汽车装饰，销售顾问就还能拿10%左右的提成，大概1000元。如果把店里特殊奖励的库存车卖了，提成就会比其他车高出很多。比如我们店某款进口库存车，提成是5000元。而如果是电动汽车，不仅提成高，还有额外的奖金。

优秀的销售顾问月薪往往在3万元以上，比销售经理和总监挣得都多。但从长期来看，销售经理的收入相对稳定，所以，如果有经理的职位空缺，还是会有很多人去竞聘。

在我做了6年销售顾问后，店里要成立一个电话销售组，缺少经理，这对于我来说无疑是一个好机会，所以我马上报名参加了竞聘。参加竞聘的共有三个人，每个人都要写一份竞聘报告，并且公开演讲，阐明自己在这个职位上要怎么做，有什么规划，然后由总监和店长打分。最终领导决定让我试试。所以，在汽车销售行业，能否晋升，不取决于你的业绩，而是要看机会，还要看领导对你的总体印象。

销售经理不再直接面对客户，他的职责是确保整个团队的业绩，做好日常管理，同时负责店里的一些日常事务。销售经理一个月的薪资分为无责任底薪和绩效提成。无责任底薪比普通销售顾问高出 2000 元左右，绩效部分的薪资则与团队的整体业绩对应，只要不出大问题，还是有保障的。

销售总监其实是店铺的日常管理者，大小事情都要管，既要制定每个月的销售目标，在一辆新车来了以后，也要制定适当的销售策略。销售总监每个月的固定薪酬在 2 万～2.5 万元。

汽车销售行业的职级大体可分为这四个梯度，再往上就是店长了。至于店长是根据经营状况拿部分利润，还是拿固定工资，就要看所属公司的规模了。有的公司只有一家店，那么店长就是老板，可以根据经营状况获取利润；有的公司有好几家店，那么店长就是拿固定工资。

销售工作的流动性比较大，汽车顾问也不例外。目前新能源汽车品牌对于传统汽车品牌冲击较大，会从传统汽车品牌大力挖人。店内销售业绩不太好的销售顾问，或是特别优秀的销售顾问，都会因为受到薪酬的诱惑而选择跳槽。另外，如果部门经理或是总监换人，也会流失或是带入一批新人。能连续在一家店工作三年以上的销售顾问，就算是很稳定的了。

周期：销售的职业生命可以很长

· 史彦泽

很多新人在刚入行时，会把成为公司的一名 Top Sales 作为目标，仿佛这就是职业的制高点，其实不然。一个高素质的销售人才，可能在入行后 3 ～6 个月，就签成一张大单，在月销售排行榜上占据领先地位；很多资质一般却很努力的人，在入行后 9 ～12 个月，也能完成初步的资源积累，在业绩排行榜上攀升到比较理想的位置。之后，如果能连续一年保持签单金额和签单数量的领先地位，那么他就会是我们通常认为的 Top Sales。

根据行业的普遍规律，新人在刚入行时，勤奋度、冲劲都特别足，可以为了一张订单不屈不挠、排除万难；同时，他开始逐步了解产品、方案、客户需求，如果学习能力强，他会很快对整个行业形成比较深入的理解。这样的激情和业务积攒，会在从事这份工作后第 18 个月左右攀上顶峰，而业绩也会在此时达到顶点。但紧接着，大部分人会进入瓶颈期，状态和业绩都有可能出现下滑。在这个过程中，销售能否做好自我调整，保持工作热情，就变得十分关键。他是否还能像新人那样去开拓客户，为了见到客户，在门口等待几个小时？他的转介绍客户数量是否开始增多，让他可以在行业内部持续拓客？如果能够做到，他就可以继续往前走；如果做不到，接下来他就很有可能从公司流失。

如果选择继续往前走，通常会面临两个选择：第一，继续做专职销售，走销售专业化路线；第二，晋升为初级主管或者销售经理，走管理路线。在我国，绝大部分人不会选择继续走销售专业化路线，因为这条路走起来非常艰难。

首先，很多公司并没有给走专业化路线的销售设置足够科学的职级体系。一个老销售不管曾经业绩如何，经验如何，只要不做管理，就会被看作基层销售，职级、底薪都与新人一样，干的活儿也和新人一样。如果曾经是 Top Sales，他自然会觉得很没面子，不愿意和这些新兵小白混在一起。当职级和薪酬体系不能激励老销售继续战斗时，他很有可能会选择离开。

一些成熟企业会为专职销售设置完善的职级发展体系，就像管理岗一般有 M1、M2、M3、M4……销售专业岗也有相应的 P1、P2、P3、P4……职级不同，底薪、业绩考核标准也不同，要想获得更高的职级和底薪，就必须有更好的业绩，这样销售的职业发展就有了抓手。

其次，现实情况决定了做销售必须精力充沛。销售经常要跟客户吃饭、喝酒、唱卡拉OK，熬夜到凌晨。这些事对年轻人来说完全可以应付，但如果到了四十多岁，你还干得动吗？这种“打鸡血”的状态对于一个人来说又能持续多久呢？所以，很多人到三十多岁就开始产生危机感，一想到未来自己岁数一大把还要拼酒量、唱卡拉OK，就开始焦虑，催促自己必须赶紧转管理岗。

基于以上两点，很少有人敢走销售专业化路线。有的人甚至认为，除非自己当老板，卖自家产品，否则谁也不会有那么长久的动力去做专职销售。这种观念造成的后果，就是大家最后都成不了真正专业的销售。

如果去欧美的成熟公司看看，我们就会发现，很多人到了白发苍苍的年纪，依然只做专职销售，不做任何管理工作，他们的主管可能是一个年轻的女性，但他们对于公司的价值却好比金子。这样的销售经过了千锤百炼，对客户需求、产品、解决方案都有别人无法取代的认知和洞察，能给公司带来以一顶百的价值。对于客户来说，他们就好比见过成千上万个病例的老中医，除了销售产品，还是一个免费的咨询顾问。他们能把客户的问题分析得头头是道，说清楚症结在哪儿，应该怎么解决。**销售的本质是什么？是帮客户解决问题。**

所以，你理解得越多、越专业，你每一个动作的赢率和成交概率就越高。

过去，在人情社会中，在跑马圈地的粗放型经济增长时代，这种专家级的销售是很难成长起来的，因为只要搞定人情，客户差不多就会下单，销售不需要懂那么多。而搞定人情是需要体力的，靠喝酒、唱卡拉 OK 签单，这样的销售注定做不长久。

这有点类似于“软件工程师的 35 岁瓶颈”，到了这个年纪，你的脑子转不动了，体力拼不动了，只能转型走管理路线，如果当不了经理、总监，就会面临转行，即使你不转，公司也会把你“干掉”。但在欧美大厂，一个软件工程师不写上几十万行代码是成不了顶尖人才的，而且他们在四五十岁依然能够创新不断。为什么会有这种差异？说到底还是专业度的问题。当专业度没有达到一定程度时，你只能做一些重复性工作，而重复需要体力。

现在，几乎每个领域都面临高度同质化竞争，每个公司都在进行精细化运营的转型，销售的职业发展也在发生改变，拿订单更多地依赖于销售的专业度。如果把目光放长远一些，你就会知道，自己其实有很多可能性，步入管理岗固然是不错的选择，但成为一个专家级的专职销售也同样未来可期。

销售人员要杜绝哪些违规行为

后果：违规行为很容易被发现

· 崔相年

销售人员直接面对钱货交易，极易受到诱惑，做出一些违反公司规定甚至法律法规的行为，导致被处罚、被开除，甚至被追究法律责任。其中一个比较典型的行为就是“私吞回扣”。

回扣，是销售工作绕不开的一个话题，它是指在商品销售过程中，销售人员在账外暗中以现金、实物或其他方式退给对方单位或个人的一定比例的商品价款。收回扣属于违法行为。可现实中，销售在打单，也就是跑客户、追订单的过程中，会遇到很多客户的采购部门或者采购人员个人明确地索要回扣，不给回扣就拿不到订单。于是，一些操作不规范的公司就会要求销售遇到这种情况后向公司提出申请，公司想办法留出这部分款项给客户。但是，这笔钱毕竟不合法，不可能采取直接转账或者汇款的方式给到客户。通常的做法是，公司把这笔钱以现金的形式转交给销售个人，并让销售在收据上签字，然后由销售转交给对方。收回扣不仅对采购人员来说是违规的，对销售来说也具有极大风险。如果销售给了采购这笔钱，就可能构成向非国家工作人员行贿罪；而如果销售私吞了这笔钱，则可能构成职务侵占罪。

虽然违法，但销售私吞客户利益的行为很难杜绝，尤其是一些金额比较小的利益。比如逢年过节公司送给客户的礼品卡，销售没送到客户手里，而是私藏后自行兑换。这种事很难被外人知道，也很难彻底搞清楚，所以很多人对此抱有侥幸心理。不过，这种行为一旦被公司发现，销售就会面临非常严重的后果，比如被辞退，甚至被行业列入黑名单，永远不能从事销售工作。

除了私吞回扣，销售另一个比较有风险的行为是“飞单”。

“飞单”就是销售在和客户签订单时，不是让客户和自己所属的公司签，而是让客户和自己或者亲属名下的公司签。这样做，实际上是在利用公司的资源，挣自己的钱。这种行为在任何一家公司都是大忌。在我的公司，这种事情是绝对不允许发生的，哪怕有一丝一毫的苗头都不行，只要发生，公司一定会把相关销售辞退，甚至还会追究销售的刑事责任。就算是公司的主力销售，扛下大部分订单任务的人，也绝不姑息。**“飞单”不仅会从根本上带偏团队的价值观，毁掉整个销售团队，更会给公司的经营带来灾难。**

为了杜绝“飞单”现象，很多公司会采取两种做法：

第一，在招聘时，公司会对销售进行背景调查。在调查时，尤其要注意销售名下，或者他的直系亲属名下是否有公司，是什么类型的公司。但是，如果销售通过朋友的公司，而不是自己或直系亲属的公司“飞单”，公司其实很难快速察觉。

第二，针对一些长期客户，公司会定期进行回访。比如一个长期客户今年的订单量突然减少，甚至没签，公司就会通过打电话或其他方法进行客户回访，了解实际情况。很多公司的销售部都会下设“客户成功组”，订单签回来后，销售要和客户成功组做交接，由成功组负责回访以及客户后续使用产品过程中的服务工作。这样既可以把服务做到位，也可以避免销售与客户绑得过紧而导致“飞单”。

实际上，因为每个行业的圈子很小，能在其中站稳脚跟的人，比如公司老板或者销售部负责人，信息渠道一定不会比你少，你做了什么，最后大家都会知道。从销售的角度来说，做“飞单”表面上获得了一笔额外收入，最终影响的却是销售的个人声誉和长久的职业发展。

风险：灰色收入对客户和自己都有危害

· 穆熙双

销售的收入一般由基本工资和售卖商品后获得的提成组成，这些都是由所在公司发放的。但有时候，销售会通过各种手段从其他渠道获得不正当收入，这就是所谓的灰色收入。很多销售可能会因为一时赚取了灰色收入而窃喜，但这对他职业的长久发展绝无好处。下面我以汽车销售为例，谈谈灰色收入可能会给销售人员带来的种种危害。

为了确保与客户签单，一些保险营销员会违规返佣[1]，但这种现象在汽车行业不太可能发生。因为汽车销售顾问的提成本身就不高，前面说过，销售顾问卖一辆普通汽车能得到的提成最多不过 800 元，这点钱是不可能再给顾客返佣的。

汽车销售顾问的一种灰色收入是私吞客户缴纳的车险费用。过去，在银保监会没有出台详细规定时，车主的车险费用都是由 4S 店代缴到保险公司的。经销商有时为了促销，会免费送给客户保险，但个别销售顾问会故意不跟客户说明，让客户缴纳全额保险金，然后私吞这笔钱。如果客户后来知

1. 即保险营销员为了确保签单，承诺把自己的一部分签单所得佣金赠予客户，这是银保监会明令禁止的行为。

道了这件事，投诉到总公司那里，不仅整个店会受影响，销售顾问自己也会遭到处罚。

汽车销售顾问的另一种灰色收入发生在做汽车装饰的时候。汽车装饰分为施工类装饰（比如全车贴膜、车身封釉、镀膜、安装导航等）和精品类装饰（比如方向盘套、汽车坐垫、汽车脚垫、汽车香水、汽车挂件、内部摆件、收纳箱、后视镜等），全套做下来在 1 万元以上，销售顾问可以从中提成 6% ～10%，也就是几百元或者一两千元。而如果销售顾问把车开到汽配城做装饰，以次充好，大约 2000 元就能全部搞定，剩下的 8000 元，销售顾问就自己拿了。

这样做的风险在于，2000 元的装饰与上万元的装饰质量有明显的差别。比如，在上万元的套餐中，座椅套通常是真皮的，2000 元套餐中的肯定不是。有一次，客户把车开走没几天，座椅套就开线了，客户来投诉，公司一查，发现这辆车的装饰根本不是在店里做的，销售顾问随即被辞退。

这样做还可能带来更加严重的后果。某家店的一个销售顾问把车开到汽配城做装饰，不专业的施工工人把原车的气囊线破坏了。后来，车主在驾驶时遇到事故，气囊没弹出来，当场去世。这个销售顾问后来被追究了刑事责任。

汽车销售顾问可以获得灰色收入的地方还有很多，我之前在另一家店工作时，就目睹三个销售因为类似违规事件被开除。如果公司管理不严格，认为水至清则无鱼，对很多违规现象睁一只眼闭一只眼，时间长了，就可能会出现大问题。客户投诉多了，公司很有可能失去经销商的身份。

销售工作的未来有哪些可能性

趋势：为什么要掌握多种销售手段

· 邵慧宁

从店长到区域经理，我一直把自己埋在店铺现场或者区域内部，花很多时间去研究流程，研究怎么把货卖好，把各种细节做好。但外部环境怎么样，有什么势能可以借力，我却很少关心，也没时间去关心。2020 年，我晋升为大区经理，正好赶上我们湖北疫情最严重的时候。正是这个阶段，让我有时间去解答一个一直留在心里的问题。

我们每个店铺都有很多社群，每个社群里都有非常多会员，这些会员都是我们的老客户，不仅买过、穿过我们的服装，也乐于在群里看到我们的分享，但他们的复购率却一直很低，也就是说社群的转化率不够好。在疫情之前，我就一直在想这件事，怎么做才能提高社群的转化率呢？这个问题如果能够解决，那么店铺就可以实现在网络时代的立体化运营。

疫情来了，武汉的店铺都不能开店，大家每天都在家里歇着，购物只能通过网店或社群。我想这是一个特别好的外部势能，可以帮助店铺拓展销售机会，必须抓住。所以，在公司没有任何要求的情况下，我做了两件事：

第一，快速学习微商和社群营销方面的知识，并总结成文，其中包括社群卖货的底层逻辑、操作流程和诸多小细节。我把文章发表在我的公众号上，转发给区域中的各位店长，让他们自己去看。

第二，在区域的店长群里组织讨论，比如社群运营是不是很重要，怎么做才能在疫情期间通过互联网把业绩做上去，大家各抒己见。很快，我们就整理出来一张完整的流程图，对社群运营过程进行了拆解，从如何在原有会员的基础上增加社群人数，哪些渠道可以添加顾客，到添加顾客以后有什么话术，每天要在社群里发什么消息，如何获得消息的素材，如何共享内部资源，如何进行售后，如何维护顾客，等等。

没过多久，公司开始要求各区域都行动起来，加强社群运营，提高社群转化率。但很多区域都不太乐意做，一是不太会做，二是在只发部分工资的情况下，大家积极性不高，觉得这件事不会给自己带来直接利益。而我们区域的员工不管工资多少，积极性都特别高。我们一边执行共同制定的流程图，一边追踪每天的销售数据，每个店铺也都建立了完整的运营机制和人员安排，每一天什么时间段，谁要做什么事，目的是什么，结果怎么评估等，全部有章可循。

结果，我们一上来就把社群运营做得特别好，各项指标都拿到了全国第一。当时，我们区域的店铺业绩在公司大陆地区大概只能排到第五、第六名，但社群业绩不仅拿到了第一名，而且超出第二名30%。

虽然之后社群运营全部归入公司的电商部门，但通过这件事，我们摸索出一套店铺和社群立体运营的方法。这次经历也提醒我，店铺零售在未来势必会结合更多销售手段，实现立体化运营，而企业也会在新的市场环境中，以“全渠道”方式清除各零售渠道间的种种壁垒。

作为C端的销售人员，只有勤于学习、善于总结，路才能越走越宽。

发展：销售转行有哪些选择

· 崔相年

选择做销售，并且能够坚持下来的人，都有着一份想要改变现实的初心。那么，当你在一家公司做了一段时间，想换个环境或者更上一层楼时，你可能会面临哪些选择呢？

第一种，转到其他行业做销售。相比其他职业来说，销售转行相对容易。在熟练掌握了销售流程和方法后，你可以较为轻松地举一反三，转换到其他行业。比如汽车销售改行去做保险顾问，奢侈品销售改行去做房地产经纪人等。

第二种，转做培训和咨询。如果不想继续做销售，多年沉淀下来的销售经验和行业经验也是非常有价值的，你可以去咨询公司，或者自己成立一家咨询公司，做销售管理咨询师，指导企业进行销售策略和销售流程的制定，帮助企业做销售培训。对于一个经验丰富的成熟销售来说，做销售管理咨询是一个不错的选择，目前的市场需求也比较旺盛。这是一个可以分享你的沉淀和心得，同时仍然需要不断探索前沿问题的工作。

第三种，创业。一些经验丰富的销售不甘心在公司里慢慢老去，在时机合适的情况下，可能会基于自身对行业资源的积累，自立门户。他们手里有客户，熟悉生产线和供应链的情况，对技术也有一定的了解，如果有足够多的启动资金，就可以自己做产品开发，创办工厂。当老板，给自己挣钱，当然更有干劲。很多知名企业家走的就是这条路，不过，这条路看上去非常励志，但成功会受很多因素的影响，需要你从入行开始就有意识地做好各方面积累。

CHAPTER 2

第二章 新手上路

现在，你已经了解了销售职业的基本轮廓。接下来，让我们进入销售职业预演之旅的第一部分——“新手上路”。假如你是一名刚入行的新手销售，面对工作中的巨大压力，你要在哪些方面做好哪些准备呢？比如：

· 作为销售，你要学习哪些方面的知识？

· 如何背话术，才能在工作中做到灵活运用？

· 如何管理自己的作息时间？

· 如何寻找销售线索？

· 如何在朋友圈进行自我营销？

· 不同类型的客户应该如何经营？

· 如何邀约客户见面？

· 客户不回信息怎么办？

· 面谈时如何激发客户的购买需求？

· 发现自己是陪跑者应该如何应对？

……

在这一部分，我们会把看似简单的销售动作拆解成一个个具体的环节，为你预演打单的整个过程，帮你看清其中每一个步骤及其背后的逻辑。

◎意识和技能养成

销售要做哪些能力准备

产品：销售对产品的了解要达到怎样的深度和广度

· 穆熙双

给新人做培训的时候，我们会用一周时间讲品牌文化和发展历史，然后用三个月时间讲产品，内容涉及汽车基础知识、各种配件的功能和作用、各项技术指标、配置组合等，这些知识点数量多，范围广，技术含量高，对于大多数销售来说，是有一定难度的。事实上，学习产品是很多新人销售特别头疼的环节，有的人甚至一到这个时候就趴在桌子上睡大觉。

以我们品牌为例。我们有 22 款车型，每款车型里最多有 6 种配置，加起来共有 80 多种参数组合。虽然在豪华汽车品牌里，我们的配置组合不是最多的，但在短时间内全部记住，并且做到灵活运用，确实不容易。

熟记配置只是对一个汽车销售顾问最基本的要求，不知道这些知识，你就没法工作。但是，汽车客户的特点在于，大部分人在进店之前已经做了很多功课，查阅了各类汽车网站，甚至已经针对不同品牌、不同车系的备选车做了非常详细的资料对比。所以，客户进店，要了解的绝不仅仅是配置。比如有的客户会问，你们的变速箱和某品牌相比有什么特点？这时候，如果不了解变速箱的工作原理，不了解竞品车变速箱的特点，你就会一句话也答不出来。当发现你的汽车知识还不如自己时，客户会瞬间失去对你的信任。

对此，有的品牌会设置“产品大使”岗位，当客户提出比较专业的问题时，销售顾问会请“产品大使”来解答。这样做固然能解决客户的一些问题，但“产品大使”毕竟不是销售，他只能从纯技术的角度回答问题，很少能在其他方面影响客户，有时甚至会把话题带偏。所以，我们品牌要求销售顾问都要具备解答产品技术问题的能力。

我们学习产品有四个途径。第一，新车上市时，厂家会组织大型的上市投放培训，主要讲解新产品的使用感受和体验，但内容通常比较空泛，不会很深入。第二，厂家会提供培训资料，让销售顾问在线学习，重要的产品还会有线上考试。第三，针对一些重点车型，厂家会提供入店专项辅导。第四，经销商的内训师会站在销售工作的角度，对产品进行讲解和相关经验分享。最后一项特别重要，新人有机会一定要去听，从销售的角度讲产品，重点突出，而且能够学习到很多好用的话术。

除此之外，销售也要善于在日常补充专业知识。你可以多关注行业新闻，也可以经常和售后维修人员交流，以便了解更多产品细节。比如客户可能会问，这辆车多少公里换一次机油？机油加什么型号？这些售后问题一般不是销售的培训内容，但你必须知道，否则，你在客户那里就是一个“笑话”。

不过，只懂自家产品远远不够，一个优秀的销售还要具备另外两方面知识。

一是了解竞品的产品知识。每个品牌都有两三个长期关注的对标品牌，公司在日常培训中，会把竞品资料发给销售，但客户可不会仅仅把视线集中在公司关注的竞品上，而是会站在整个市场的角度看问题，拿一些我们根本不关注的品牌来对比。虽然在销售时，遇到对比产品的情况，我们一般会找机会岔开话题，尽量不陷入其中，但如果你一问三不知，不了解一些基本问题，必然会削减客户对你的信任。

二是了解市场环境，包括趋势、行情和相关宏观政策等。比如在销售电动汽车时，你要对国家关于购买电动汽车的优惠政策和补贴信息了如指掌，这些政策信息是在不断变化中的，如果你在给客户讲解时，说的还是老政策，客户对你的信赖程度就会瞬间降低。再比如，自动驾驶是目前各家车企竞相研发的技术制高点，这项技术不仅会改变未来人们驾驶汽车的方式，还会进一步把汽车变成类似于智能手机的交互终端，软件和出行服务可能会因此成为新的竞争点和盈利点，购物、娱乐等综合服务生态也会应运而生。如果没有及时更新这方面的知识，在为客户对比产品时，销售顾问就很难给出专业意见，引导客户认识到未来的购车趋势。

我们现在的岗位叫“销售顾问”，“顾问”的意思是，你要能站在客户的角度给出专业的建议，成为客户买车的参谋。而要做到这一点，以上两方面都要有充足的准备，如若不然，你是无法给客户合理建议的。以我们店的经验来说，这种“给客户合理建议”的能力，可以帮助销售顾问顺利完成“转化车型”。

“转化车型”就是帮助客户找到他真正需要、真正喜欢的车，而不是他一开始关注什么，我们就卖什么。比如，客户看中了一款车，特别重视它的变速箱，但其实他不知道，我们品牌还有一款车的变速箱更好，这时销售就可以跟他讲，另一款车的变速箱为什么好，它在工作原理上有哪些特点，为什么会在市场上处于领先地位，未来的技术趋势是什么。他讲得越细致透彻，客户被他说服，去买那款变速箱更好的车的概率就越高。

优秀的销售顾问一定不是客户要什么车，我就卖什么车，而是客户适合什么车，我就卖什么车。其实这个能力还有另外一个用途，就是“店里推什么车，我就能卖什么车”。

我们团队有一个销售，不到一个月卖了8辆车，包括2辆国产车和6辆进口车。在这6辆进口车的客户中，其实有3个一开始是来看国产车的，因为这位销售顾问对产品的理解十分到位，讲解得特别清楚，客户很自然地改成买进口车了，而这款进口车正是我们店近期大力推广的车型。这样一来，他的提成、奖金直接翻倍。

汽车行业产品更新换代的速度非常快，销售在了解市场趋势的同时，必须对产品有深入的了解和体验，这光凭看资料是不行的，我们经常会拿实体车去琢磨、钻研。**销售顾问是一个需要不断学习、不断钻研的工作。**即使是我这个上小学时就是资深车迷的人，直到今天也依然保持着每天至少学习半小时的习惯，学习内容包括汽车行业资讯、汽车相关知识、销售技巧，等等。

除了产品知识和行业生态，销售还要了解一些销售技巧的提炼和相关理论，看看别人是怎么做的。其实，销售的知识需求是没有边界的，这是因为销售工作的核心之一是赢得潜在客户的信任，而这需要你与对方建立深度连接，甚至成为朋友。兴趣爱好、生活琐事都有可能成为你和客户之间的话题。客户喜欢古诗词，你能不能和他聊几句自己喜欢的诗人？客户喜欢攀岩，你是不是也知道其中的一些门道？你的知识越丰富，能打开的门就越多，能够建立连接和信任的人也就越多。

但这是不是意味着你和客户可以无话不说，随性聊天呢？当然不是。成熟的销售在客户面前说什么，怎么说，都是经过深思熟虑，甚至反复练习的。

话术：需要做多种版本的充分准备

· 崔相年

我们有一个刚入行的销售，好不容易约上客户，前去拜访，回来后我问他："今天见客户情况怎么样啊？"他信心满满地说："特别好，客户问了很多问题，我都答上来了。"我又问："这个客户你还能见第二面吗？"他说："没问题，肯定能见。"

但几天后，这个销售准备好方案，打算再去见客户时，对方却以太忙为借口，避而不见。我直接给客户打电话询问情况，客户说："你们这些东西别家都有，不是我关心的问题，也不是我特别期待的。"

其实，销售和客户对一次会见的感受和认知往往是不一致的，销售自以为聊"嗨"了，把自己平时准备的产品知识和话术都用上了，说得很好，实际上客户根本没"感冒"，反而认为他没踩到自己的"点"上。

这种事在新人阶段经常发生，问题到底出在哪儿呢？我认为，这个销售是在用一套事先准备好的、统一的话术模板对待客户，并没有洞察到客户的真实需求。你可能会问，销售都要背话术，公司给的话术都是一样的，不背不行，但按照话术去跟客户聊也不行，到底怎样做才是对的呢？

怎么把产品和公司优势等信息说清楚，一万个人有一万种方法，公司提供的销售话术，多半是根据以往的最佳实践总结出来的一套相对完善优异的方式。其中针对产品功能、技术等基本信息的话术是一定要熟记的，这是销售的基本功。但关于自家产品和同类产品的对比、突出优势的话术，就不能按照统一的版本来背了，而是要针对不同的场景、对象，进行有针对性的修改、练习。

中国古代典籍《鬼谷子》详细阐述了游说和说服的技巧，比如"以反求覆，观其所托，故用此者"，意思是在游说时，要从各方反复了解情况，观察对方言辞中蕴含的真实意图；“象变比，必有反辞，以还听之”，意思是在与对方交流时，用比喻、类比的方式一定能引起对方的反应，此时自己静心听取，可以从中获取实情。也就是说，说服别人不能按照固定的话术生搬硬套，而是要根据对方的具体情况，有针对性地运用合适的方法。

首先，你可以把客户划分成几个鲜明的类型，根据每个类型的需求和特点，将话术有针对性地修改成几个不同的版本。比如 ToB 销售一般会面对三类人：

一个是 UB（User Buyer），就是产品的实际使用者，你的产品是否能解决他工作中的实际问题是他最为关心的，所以你要从使用效果、服务以及体验感受的角度来谈；

一个是 TB（Technical Buyer），就是技术把关者，他要对你所售卖的产品做出相对客观和科学的评价，所以你要用专业的语言和逻辑来沟通；

一个是 EB（Economic Buyer），也就是最后决定是否和你签单的人，他可能是部门决策人或者公司老板，在面对他时，你的侧重点应该放在品牌、产品价值，以及性价比等方面。

举个例子。如果你去一家公司销售企业网盘，针对这三类人，你可以准备三个不同版本的话术。

针对UB，你可以突显企业网盘能帮他规避工作中的重大损失：

> 您平常写文档时，是不是会遇到文件还没有保存，就异常退出的情况？这种时候恐怕除了大哭真没别的办法了。如果使用企业网盘，您写文档时，网络终端会随时自动保存，您就再也不用老想着保存的事了，同时，您想恢复到哪个版本都可以。您觉得怎么样？

针对TB，你可以突显企业网盘在工作流程中的主动性：

> 知道您平时挺忙，比较头疼员工对公司现有文档截屏后向外导出、泄露的事情，其实这些都是可以自动实时预警与管控的，避免信息泄露后您再被领导追责的被动局面。我们的企业网盘可以帮您做到提前预警，提前定位，这对于您管理文档、主动避免信息泄露还挺重要的，不知道您怎么看？

针对EB，你可以突显企业网盘对企业安全性的价值：

> 您肯定了解，一个公司最大的浪费，就是积累的知识资产的浪费，公司人员的流动避免不了，所以对关键知识资产、文件的集中规范管理，以及企业信息安全的管控保护至关重要。不知道您怎么看？

这三种针对不同人员的话术版本，你都要多加背诵、练习，你可以先自己对着镜子练，然后对家人、朋友、同事讲。你还可以进一步把每个版本分成两种场景，一个是被打断的，一个是不被打断的，看看自己是否能在对方追问的情况下，对其中的一些细节应答自如。

我的习惯是在此基础上，再把每种话术修改为 1 分钟、3 分钟、5 分钟三个不同的版本。不过，在很多情况下，你只有 1 分钟时间，必须在最短的时间内呈现产品和品牌优势。

不同的版本你都要反复进行练习，练到什么程度呢？我认为，当你的眼神看起来不是在想事情，而是很自然地看着对方说话就算合格了。否则，只要是背，对方一眼就能看出来。将不同版本的话术烂熟于心后，你才有可能根据不同的场景随机应变。不过，即便做到这一步，也只是完成了销售说话艺术的 1.0 阶段。

我把销售与客户之间的关系划分为四个象限（参见图 2–1）：

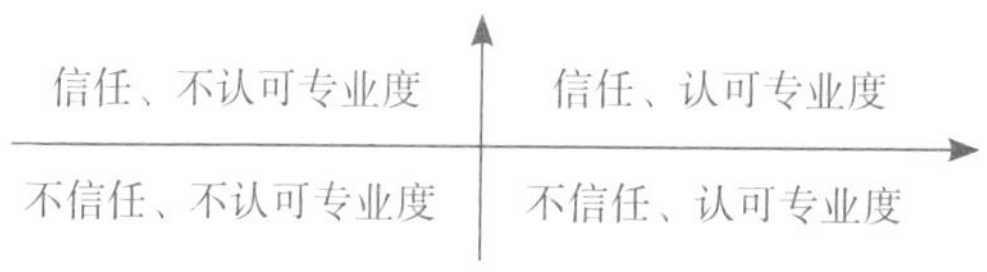

图 2–1 销售与客户的关系分类

不信任、不认可专业度，是你做销售之初和陌生人之间的关系。信任、不认可专业度，是你刚成为销售时和朋友、同学之间的关系。不信任但认可专业度，是你成为有经验的优秀销售后，和潜在客户之间的关系。这种关系类似于病人和初次见面的医生，病人知道医生是专业的，但未必会听他的。而信任，同时认可专业度，则是你和长期合作伙伴之间的关系。

销售的工作，就是要把其他三个象限的关系，逐步转化为第一象限，把适合的陌生人、朋友或者潜在客户转化为长期合作伙伴，使他信任你售卖的产品，认可你的专业度，从而信任你的为人。这不是短时间能达成的事，需要长期经营关系。话术其实只能帮你完成与客户的单次博弈，建立浅层信任，并不能帮你经营一段长期的关系。建立深层信任的最好方式，是通过一系列交往，让对方感受到你是在为他着想，让他在和你相处时有发自内心的安全感。这时候，你的沟通效率就会大幅度提高，从而进入销售说话艺术的 2.0 阶段。

对产品和行业有了深度了解，并且有了一套完整的话术傍身，你手中的武器是不是就足够了呢？别着急，此时的你还欠缺一项重要能力，而这才是你能否成为优秀销售的关键。

方法：要让自己成为一名顾问式销售

· 史彦泽

从前，我们经常会听到“磨剪子、戗菜刀”这样的叫卖，路过小卖店时，也经常会听到“走过、路过、不要错过”这样周而复始的广播。长期以来，销售所做的都是类似这种叫卖的工作，他们会告诉你这里有什么东西，它怎么好，现在有什么优惠……叫卖，这种古老的销售方法已经存在了几千年。不过，如果一名销售直到今天还是这样工作，在我看来，他可能毫无前途可言。为什么这么说呢？

举个例子。如果你去商店买一个电钻，一进门，可能马上就会有销售跑过来问你买什么，然后把你引到一个产品专区，跟你说这一面墙上都是电钻，有一二三四五不同的型号；这个电钻的钻头硬度特别高，不论大理石还是混凝土，什么都能钻；那个电钻的电机好，非常皮实耐用；旁边那款现在正搞促销，性价比特别高……他给你讲了半天，最后你还是很疑惑：我到底应该买什么样的电钻？你在左思右想、举棋不定时，听了销售一席话，选了最贵的，也就是钻头硬度最高的那一款。实际上你就是想在浴室柜上打个孔，根本不需要硬度那么高的钻头。回到家，你可能马上就后悔了，觉得被销售忽悠了。以后家里再有任何需要，你多半不会再去那家店了。

新人入行，成为一家企业的销售后，往往会简单地认为，我的工作就是把产品卖出去，既然我是卖电钻的，就要熟悉各类电钻的功能特点，把产品介绍得尽可能全面、详细，在此基础上引导客户购买提成高、奖金高的产品。这种想法没错，但你要思考一个问题：你的工作场景，你所售卖的产品，真的适合这种销售方法吗？

我们把这种以展示产品、介绍产品为核心的销售方法称为"产品型销售"，他们对消费者表达的无非两点：第一，我这儿卖什么；第二，我这儿的东西特别好，而且特别便宜，机不可失。这种叫卖其实不需要什么技巧，把该说的重点都说到，就算完成任务了，至于客户买不买，就看他需要不需要了。

产品型销售在我们的社会中植根已久，以至于很多人不假思索地认为，销售就应该这么干活。很多公司培训销售的方法，就是给一份十几页的产品介绍和销售话术资料，让他天天背，背到滚瓜烂熟、声情并茂，在客户面前能够脱口而出为止。

产品型销售方法往往适用于简单的产品，比如日用品、保健品、个人电子产品等。这些产品过去都是由销售人员一件件卖出的，而现在已经越来越多地依靠电商、直播平台、社群等渠道售卖。产品型销售的本质是产品介绍和功能对比，这些信息，客户现在可以从各种渠道获得，网页上相关的视频、图文介绍直观而详细，针对产品的测评对比和评价也随处可查，根本用不着销售去讲解。随着媒体的发展和互联网的普及，适用于产品型销售的简单货品越来越少地依赖于销售人员，一个主播便可抵千军万马，一家网店就能让多家线下门店倒闭。

那这是否意味着线下销售未来一定会消失呢？当然不是。对于高价值商品来说，人与人面对面的沟通永远都是最重要、最有效的。因为高价值商品一般是符合客户个性化需求，能帮助他解决切实问题的产品或解决方案，客户很难仅仅依赖网页搜索、用户点评等方式获取信息、做出判断，他需要与销售人员进行一对一的深度沟通。

这种能够与客户充分沟通，理解客户需求，并站在客户角度给出产品推荐和解决方案的销售，就是“顾问式销售”。

同样是卖电钻，顾问式销售在知道你想买电钻后，会紧跟着问第二句话：“您买电钻是想打什么样的孔？”这句话极其关键，代表他的出发点是站在客户的角度考虑问题，一心为客户解决问题。你回答：“想在浴室柜上打几个孔。”他会接着问：“您家浴室柜是木材还是石材？”你说：“是木头的。”聊到这里，销售就大概知道你应该买什么性能、价格的电钻了，他会围绕你的核心诉求，有针对性地为你推荐产品。这时候，他其实是客户的购买顾问，而不仅仅是一个销售员。

顾问式销售方法对销售人员提出了更高的要求。首先，你不能只会背话术，而是要有丰富的产品知识，客户的需求五花八门，你必须为他找到符合需求的产品并进行合理的推荐；其次，你必须对行业和市场有比较深入的理解，这样才能综合类似问题的痛点，给客户最优的解决方案；最后，你要有比较成熟的与人打交道的能力，会问、会听，而不只是会说，你要透过表面洞悉客户的真实需求，并懂得如何激发他的需求。

顾问式销售方法虽然得到了业界的广泛认同，很多企业的销售部也确实在大力倡导顾问式销售，现实却是 10 个销售中有 7 个做不到。很多销售虽然在培训时学习了顾问式销售方法，可一遇到实际问题，动作就会完全走样。

比如一个潜在客户对销售说，我们想买一套 CRM 系统，请你过来跟我们交流一下。销售人员高兴地跑过去，以为遇到了一个意向明确的客户。一见面，客户的采购部或者 IT 人员说，请先介绍一下你们的产品。销售就开始宣讲 PPT，一页页讲得很清楚、很精彩，重点突出，激情满满。讲完之后，他问客户对系统有什么具体需求，客户就拿出一张单子，说我要这个功能、那个功能，我们调研过了，市面上这类产品都有这些功能，你看看你们有没有？销售就开始对着单子一一核对，产品有这个功能的打钩，没这个功能的打叉。然后客户说，这些功能你们没有，价格能不能低一些？竞品功能比你们多，还比你们便宜。销售说要回去请示经理，垂头丧气地回来了。之后，私下里或是在某个会议上，这个销售就开始抱怨，咱们的产品能不能多做一些功能？

在我看来，这样的销售是不合格的，因为愿意购买 CRM 系统的客户，一般都是在销售流程和销售管理上遇到了难点和痛点，虽然他们认为自己只是需要一套软件，其实他们需要的是一整套解决销售管理问题的方案。

比如，客户经常遇到的痛点是难以科学化地解构和定义自己的销售流程。这套流程定义不出来，即使买了 CRM 系统，使用效果也不会好。那么作为销售，你就应该先了解客户的销售业务形态。CRM 系统的特征之一是可以实现高度的定制化，销售光对比眼前的功能是没有意义的。

再比如，很多 CRM 客户在使用系统时，遇到的最大问题是难以执行，导致客户觉得这套系统好是好，但自己恐怕用不上。那么销售就要告诉他，对销售流程的科学化管理，使用 CRM 系统只是一方面，还要有一整套管理制度做保障。销售可以把其他企业设立制度、使用 CRM 系统的经验分享给客户。客户的这些痛点和顾虑你都不知道，连聊都没聊，就灰溜溜地回来了，当然拿不到订单。

顾问式销售说起来容易做起来难，新人要全方位提高自己的综合能力，才能运用自如。随着经济的迅猛发展，销售这一行已经发生了结构性变化，如果继续用产品型销售方法工作，那么也许过不了多久，你就会面临转行的问题。**作为销售，你的努力方向一定是成为一名顾问式销售，这样你在公司和客户那里才会更有价值。**

以前我们通常认为，顾客是上帝，好产品就是性能好、价格低的商品，服务是为了更好地卖出产品；而在顾问式销售理论中，顾客是朋友，是与销售者存在共同利益的群体，好产品是顾客真正需要的商品，而服务本身也是产品。也就是说，顾问式销售将销售人员定位为客户的朋友、销售者和顾问三种角色。如何扮演好这三种角色，是实现顾问型销售的关键所在。

有这样一个笑话：夫妇逛商场，妻子看中一套高档餐具，坚持要买，丈夫嫌贵，不肯掏钱。导购悄悄对丈夫说了一句话，他听完马上掏钱了。为什么他立马转变态度了呢？原来导购员对丈夫说："这么贵的餐具，你太太是不会舍得让你洗碗的。"

作为销售，洞察客户心理，通过换位思考发现对方的真实需求，是达成交易的关键，这需要经验的积累，更需要有意识地磨炼。

好了，现在你作为一个新手销售，已经具备了一些基本知识和能力。但这还不够，你还需要让自己的内心强大起来。

销售要有哪些工作意识

决心：不被枯燥和烦琐打败

· 穆熙双

我的本科专业是通信工程，大学毕业回到北京后，我发现，像我这样的条件，当时只能找到月薪五六千元的工作。我从小喜欢汽车，课余时间基本都用来研究汽车性能、了解汽车品牌历史。那些年北京还没有开始限号，汽车市场火爆。一次偶然的机会，我听说汽车销售顾问每个月可以挣到一万元以上，如果干得好，收入还会更多，这对于当时的我来说简直太有诱惑力了。于是，我在心中锁定了汽车销售这份理想职业。

我向多家知名汽车品牌的4S店投去了简历，当时这个职业很热门，大多数公司都希望招聘有汽车销售经验的人，刚毕业的大学生并不受欢迎。我只收到了一家店的面试邀请，就是我现在所在的品牌在北京的第一家4S店。面试的过程并不顺利，我能明显感觉到当时的销售总监不太看好我，因为我不是那种能说会道、性格外向的人。但总经理却认为我有潜力，坚持把我留了下来。

在漫长的试用期中，我的任务除了参加培训，还有洗车、擦车、挪车，帮助其他销售填单子、开票、复印材料等，任何一个正式员工都可以给我派活，工作内容周而复始，非常枯燥。不仅如此，试用期员工是不能独立面对客户的，没有提成收入，只有每月 1000 元的基本工资。这样的处境完全不符合我之前对这份职业的想象。很多年轻人在这个阶段就会被迫离开，但我没有。原因很简单，第一个月发工资时，我的内心遭到了巨大冲击。

这家 4S 店发工资，不像其他公司那样采取银行转账的方式，而是发现金。领工资那天，所有销售人员排着队去财务室领钱，财务人员会当着大家的面点钱，然后发到每个人手里。排在我前面的几个老销售领钱时，财务点钞票要点好一阵子，那一大摞厚厚的钞票摆在桌上，在我眼里简直光芒四射，它是财富，也是荣耀。老销售双手抱着钞票走了，轮到我领钱时，财务直接甩给我薄薄的一小沓，1000 元，裤兜放起来绰绰有余。当时，我的心就像被针扎一样。

类似的内心冲击其实每天都在发生，比如同事上下班都开车，我却只能坐公交车。下了公交车，走到小区附近，大爷大妈问我现在做什么工作，我说我是卖汽车的，他们一听都有点蒙，那表情似乎是在想，卖汽车还坐公交？再比如，下班后同事们经常一块儿出去玩，我只能蹭别人的车，蹭多了，自然有些不好意思，所以很多时候我都会找个理由，下班后直接回家。这些反差时时刻刻提醒着我，一定要改变局面，挣得和那些老销售一样多，甚至超过他们，让所有人对我刮目相看。你可能认为我攀比心有点儿重，但正是这种不甘心比别人差的劲头让我坚持了下来。

于是，我在试用期稳扎稳打，把每一项琐碎工作都当成对基本功的磨炼。我知道领导不看好我，所以只能更加努力。我只有一个念头，那就是留下来，挣更多的钱。为了这个目标，吃再多的苦我也愿意。

事实证明，这些琐碎的工作对我后来的发展极其关键。因为对各个环节都很熟悉，我在刚刚转正时就可以应对客户的绝大多数问题，而不会在一些细节上露马脚。转正一年后，我成为店里的销售冠军；三年后，我真的给自己买了一辆所在品牌的汽车。如今，我在这一行干了将近 14 年，很多老销售已经离开了，而我依然在这里。我有了自己的团队，负责店里的日常事务，同时还成为我们这个品牌的金牌认证讲师。

我们的总经理后来对我说，当初面试时发现我有些内向，的确犹豫过是否录用我，但之所以最后决定让我留下，一方面是因为我非常爱车，对技术问题对答如流，另一方面，更重要的是，他从我的眼睛里看出了想要成功的韧劲。

在人们通常的印象中，能胜任销售工作的人，一定性格外向、活泼热情、快人快语。而穆熙双用自己的例子向我们证明，内向的人也可以成为优秀的销售。销售工作真正需要的素质，比如目标感、学习能力、有效沟通的能力、自驱水平等，都与你是否外向活泼没有必然联系。

除了拥有坚定的决心和强大的自驱力外，优秀的销售还要对自己售卖的产品有足够的信念。

可能你会发现，身边从事销售职业的人，不论是卖食品、电器，还是美妆，都对自己售卖的产品信心百倍，在他们眼里，自家商品永远是最好的。也许你认为，夸自家产品好不过是销售话术的一部分，是工作所需而已。但其实，如果销售对产品并不真心喜爱，只是机械地背话术，是很难做出好业绩的。

信念：对产品不只是了解，更要热爱

· 穆熙双

新人进入我们公司后，要进行长达三个多月的培训，其中第一个模块就是公司的品牌文化。你可能觉得这部分培训既不涉及销售流程和销售技巧，也不涉及产品技术和功能，都是比较虚的东西，随便听一下就好。其实不然。一名销售是不是发自内心地热爱自己服务的品牌，认同它的价值观和文化理念，在具体工作中的表现会完全不同，业绩结果也会有很大差异。

品牌文化课程会持续一个星期，内容涉及品牌发展的历史、产品的迭代演变和公司价值观，等等。不管过往是否有销售经验，也不管是否使用过这个品牌的产品，一周过后，你一定会对这个品牌有更加深入的理解，甚至认同。**对品牌是否认同，是否热爱，会影响销售工作的每一天。**

首先，只有真的认为这个品牌好，爱这个品牌，你才会发自内心地推荐给客户，并且分享你对它的理解和感受。你的分享是否真诚，客户很容易感受到。

其次，你对品牌的信念，在议价谈判过程中特别重要。你的态度是坚定的，你对自己销售的产品就会有足够的信心，你的言谈举止中就会自然传递出对品牌的自信。

最后，在销售过程中，如果销售对品牌没有爱，没有价值观的认同，就很容易把我们的产品单纯当一辆车来卖，很难卖出产品的附加价值。而车的特点恰恰在于，它与人们的日常生活之间有着很强的陪伴关系。尤其是豪华品牌，议价空间比较大，客户有时候买的不是单纯的代步工具，而是调性、身份认同等价值观层面的东西。比如我的一个客户，曾经在某电动车品牌刚刚进入中国时，花七八十万元买了一辆基础款，动力和续航能力远不及一些老牌豪华车，在我看来非常不值，但这位客户却跟我说，他当时之所以下决心买，不是因为这款车本身怎么样，而是因为十分欣赏这家公司关于科技领域和未来生活的理念。

在十几年的工作中，我发现只有对品牌有坚定信念的销售，才能在价值观、理念方面影响客户，从而卖出价格在100万元以上的高价值车型，卖出车的附加价值。

那是不是说，只有卖高价值产品，销售才需要对品牌有信念呢？我认为不是。虽然中端和经济型轿车的客户重视性价比，但这不等于说这类车型就没有文化理念。比如有一款中端车型的理念是“严谨就是关爱”，这其实也是一种态度和价值观，销售如果把握不住这一点，而是陷入和竞品车型做各项性能对比的旋涡，一味强调这辆车有什么配置，那辆车没有，这辆车省油，那辆车费油，肯定做不出好的业绩。

销售工作有四重境界：卖产品、卖价值、卖生活方式、卖文化信仰。越是高段位的销售，越是对自己服务的品牌有发自内心的认同，因为只有这样，他的言语之间才能自然而然地流露出自信，并将品牌价值观、文化信仰等因素融入对每一位客户的服务中。

销售的工作对象是人，而人性千差万别，人的感觉也是瞬息万变的。因此，销售的每一个动作都需要极其细腻。事实上，对细节的关注和洞察，是销售必须具备的意识。

细节：成败的关键往往不易察觉

· 崔相年

当一家企业或者一个人有一项购买需求时，会面临很多选择，身边必然会围着好几个品牌的销售。这时候，要如何让对方注意并记住你，并且愿意与你沟通呢？

我在十几年前刚入行时经常遇到这样的情况。在行业活动或者展会中，我认识了很多人，与他们交换了名片。等活动结束，我打电话联系他们的时候，发现对方根本不记得我，敷衍几句后就把电话挂断了。对此我十分郁闷，当时明明聊得好好的，怎么这么快就把我忘了呢？

后来我向一位资深销售学了一招，非常管用。这位老销售告诉我，销售在客户面前的任何动作都要经过精心设计，递名片也不例外。他建议我把自己的名片折个角，把名字或者公司名称等关键信息折进去，压实一些，然后再递给对方。

名字被折起来，对方肯定看不全，大部分人遇到这种情况，都会本能地把折角打开，看上一眼。这时候我可以加上一句话："您就记住这个折角名片是我的，我姓崔，崔相年。"这样，他多多少少都会对我有一些印象。而这张名片夹在一堆名片中也比较特殊，很容易被挑出来。等展会结束，我再打电话给他时，就可以说："您还记得我吗？我的名片就是那张折角的。"这时候，对方就能很容易找到我的名片，甚至回忆起与我交谈的内容。

这个小方法在实战中屡试不爽，可以帮助销售在客户那里留下深刻的印象。但光有印象还不行，面对激烈的竞争，你在做每一步时都要想到细微之处。

取得了接洽机会后，接下来，销售就要让客户在短时间内尽可能多地了解自己以及产品，这时候，除了必要的话术外，沟通中的一些细节也很关键。

首先，你得尽一切可能争取时间，让客户对你进行充分了解。ToB 业务中经常会遇到招投标。在竞标过程中，每一个细节都会影响结果。比如招标方规定，每家企业都有 20 分钟来介绍自己的产品，但我不会老老实实地讲 20 分钟，完事后提包走人。我会在其中增加很多互动环节，以及一些视频内容，如果对方感兴趣，我们就会由此产生更多话题，我的目的是把 20 分钟拉长到 30 分钟，甚至 40 分钟，这样不但可以让客户更加了解我们，还可以压缩后面竞争对手的时间。有一次，我和客户沟通了足足半个多小时，导致后面的竞标者只有不到 10 分钟的时间展示，你觉得他还会有机会吗？

其次，你得抓住任何可以释放信息的机会，让客户从多种角度了解你和产品。竞标的时候，很多销售都会给每位评审者桌上放一份产品手册，但我不会这么做，我会给每位评审者准备一份厚厚的客户证言，上面是我们公司全部客户的使用心得和反馈，并附上他们的对公联系方式。客户如果对我们感兴趣，一定会去打这些电话，敢于把这些信息列出来，正体现了我们对产品的自信。我还会同步附上我的个人简历，其中有我的学习和工作背景、我服务过的客户名单、我的优势、客户对我的反馈，等等。客户一看，怎么还有简历？你是来应聘的吧？他心中就会打个问号。这时候，我会直接说："我就是想让您充分了解我，您知道的情况越多，咱们的合作才会越让您放心。"

客户证言和简历的作用，都是给客户更多的、除产品之外的信息，让我和客户之间产生更多的话题和更深的了解。这些东西放在客户手里，你在他心中的分量，自然跟那些只会讲 PPT、拼低价的销售不一样。很多销售在讲 PPT 之前，就把产品手册发给了每一位评审者，客户翻完产品手册就没耐心听他讲了，因为内容基本差不多。客户可能会直接说：

“我们回去好好看看，你先走吧。”给产品手册这件事在销售的工作流程中一定要谨慎，即便是客户要求给的，也一定要在你全部讲完以后再给。

在客户初步了解了产品后，销售遇到的下一个难关可能就是和竞品的对比。一些客户会在两三个产品之间犹豫不决，各项参数、各项功能翻来覆去看了又看，这种局面让销售过程充满变数，如果把握不好，就会前功尽弃。

其实，世界上不存在绝对完美的产品，产品之间的对比是没有止境的，销售人员应该尽量避免在一些非关键点上陷入和竞品的对比。在与客户接洽的第一刻起，销售就要在客户心中树立标准，让客户明确什么样的产品是适用的、优质的，应该重点关注哪些方面，而不是任由客户揪住一些无关痛痒的细节不放。能不能在客户那里建立标准，取决于你是不是能在客户面前表现出足够的专业度，以及是不是真正了解他的痛点。同时，在沟通过程中，销售要不断把话题拉回自己的优势，即便客户要求你马上就产品的某一项功能或参数与竞品进行对比，你也要找机会控制住局面。

比如我售卖的产品虽然在某一项参数上具有明显优势，但和其他大厂的产品相比，整体上并不是特别完善。我当然知道这一点，所以在洽谈时，我会更多地强调我们产品的特色、可定制性和售后服务。但在我讲完后，客户还是坚持要看看我们产品和其他大厂产品在其他参数上的对比，这时候，我会放慢操作手机或者电脑的速度，在客户等待看数据的过程中，再次强调客户自身的痛点会造成怎样的后果，应该怎样解决，把话题再次拉回可定制的长期服务上，让客户意识到什么才是对自己真正重要的。

所有的这些差异化动作都来源于精心设计。我一直觉得，创造这种小的差异，从而获得客户的肯定和正反馈，是一件特别让人愉悦的事，而这种愉悦会持续地激励自我。

在能力和意识方面都做好准备后，此时的你可能已经摩拳擦掌，准备大干一场了。但开始上班后，很快你就会发现，除了参加晨会和培训，其他工作时间相当自由，偷懒简直太容易了，你会忍不住在工作时间刷刷短视频、聊聊闲天，或者提前下班回家。但请注意，如果不能做到严格自律，很快你就会被淘汰出局。销售工作之所以让不少人觉得难，很大程度上就在于，这一行高度依赖于销售个人的自律水平。

如何进行自我管理

作息：时间表不能妥协

· 张磊

新人刚入行的时候没什么客户资源，经常开完会就不知道该干点什么，而带你的师父可能整天忙自己的业务，根本没时间辅导你，带你出去见客户。你好不容易自己联系上一两个客户，却因为缺少基本的销售技巧，很快就遭到了拒绝。你很茫然，不知道该如何做下去，在工作中取得进步。这时候，我建议你做一张时间表，把它当作生活和工作的抓手。

我刚入行时，做的是服装面料的 ToB 销售，一般这样安排一天的时间（参见表 2-1）：

表 2-1　一日时间规划

时间	安排
8:30—9:30	晨会和培训
9:30—12:00	整理销售线索，打电话邀约客户
13:00—18:00	拜访客户，或者在工业园区和写字楼扫客户
晚上	拜访朋友、客户，或者复盘、学习

在你作为新人入职后，公司会把一些已经很久没人联系的潜在客户名单，或者一些无人认领的销售线索给你，这时候，你会面临一个很大的线索池，其中哪一条是无效的，哪一条可以跟进，需要逐一筛选。所以，每天早上晨会结束后，我都会花两个多小时打电话，不管能不能约到客户，这两个小时都只做这件事，不做别的。

我发现很多新人不会这样做。打电话是一件成功率极低的事情，打了几天之后，很多人就不愿意打了。上午的时间，他就坐在电脑前学习产品知识、市场行情，看大量资料。我觉得这样安排时间是不合理的，看资料、学习产品知识，应该利用晚上或者周末的业余时间，而不应该占用上班时间。你不打电话，怎么能提高电话销售的能力，怎么能见到客户呢？

下午是我拜访客户的时间，如果约不到客户，我就去工业园区或者写字楼里扫客户，一个企业一个企业地拜访。很多新人上午没约到客户，下午仍然坐在电脑前“学习”，觉得“扫街”这件事成功率太低，不屑于去做。但是，不去见客户，你的销售技巧、人脉就永远没法长进。

晚上通常是我的学习时间，我会对一天的工作进行复盘，也会学习产品知识、了解市场行情。如果与朋友有约，或者要与客户共进晚餐，我当然也不会错过，但整体上我会保证一周的学习计划能够完成。

时间表制定出来后，必须严格执行，不能有所妥协。**妥协一次，就可能次次妥协，久而久之，也就没有了工作节奏。**我们在工作中都需要一些正反馈来激励自己，没有达成令自己满意的业绩，能够严格按照时间规划度过每一天，也是一件值得自我肯定的事。

让自己严格按照时间表度过每一天只是第一步，此外，你还必须把自己的每一个销售动作管理起来。很多销售以为管理销售动作就是找个记事本，把自己打过的电话、见客户的日期等信息详细记录下来。其实，这还远远不够。如果你不清楚自己一个月应该打多少电话、见多少客户，这些信息记录得再详细，也仅仅是堆砌。管理销售动作，是要让你时刻清晰地知道，自己每一天要做多少工作，是否做够了，还差多少。那么，应该如何管理自己的销售动作呢？

动作：利用销售漏斗审视工作中的每一步

· 史彦泽

现在，越来越多企业选择使用CRM系统来科学化地管理销售体系，而作为销售个人，也可以通过CRM系统来管理自己的日常工作。

CRM 系统中一个很重要的逻辑是“销售漏斗”。销售漏斗是科学反映销售效率的销售管理模型，通过对销售阶段划分、阶段升迁率、平均阶段耗时等方面的数据统计，形成一个非常直观的销售机会统计报表，明确指出公司的客户资源从潜在客户阶段发展到意向客户阶段、谈判阶段和成交阶段的比例关系，这被称为“成功率”，或者“赢率”。

图 2-2 是一个具有普遍规律的、简化的销售漏斗。

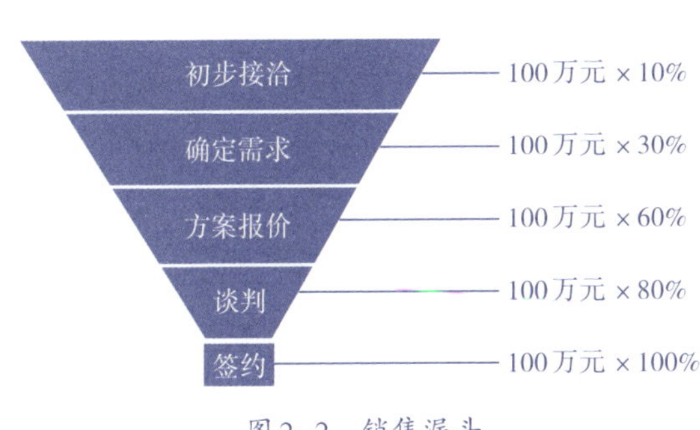

图 2-2　销售漏斗

它包含两层意思：

第一，在这个销售漏斗中，销售流程被定义为五个步骤，也就是初步接洽、确定需求、方案报价、谈判、签约。所谓“销售流程”，就是一家公司的销售在一个项目中必须要经历的工作环节。

第二，通过对企业最佳实践的统计，这五个步骤的赢率分别是 10%、30%、60%、80% 和 100%。也就是说，在初步接洽的客户中，有 10% 可以进入确定需求阶段；在确定需求的客户中，有 30% 能进入方案报价阶段；以此类推。

销售漏斗中的销售流程和各阶段赢率，依企业产品的不同而不同，每个企业的漏斗都各具特点，需要有针对性地进行总结。

图 2–3 就是 ToB 业务中典型的顾问式销售漏斗。这是一家做商务智能软件的公司，它把确定需求阶段拆分为三个步骤：支持者确定、确定权利支持者和其他关键人物覆盖。这三个步骤是面对不同角色、不同需求，逐个攻破的过程。

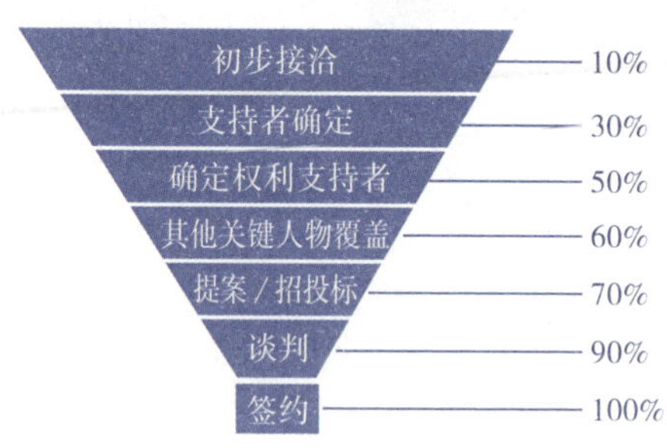

图 2–3　顾问式销售漏斗

经过统计，这家企业的销售在和采购部进行初步接洽后，有 10% 的概率可以见到产品的直接使用部门或者其他重要人物，销售要掌握他们对产品的需求是什么，工作中的痛点是什么，从而满足客户的需求，获得支持。

销售有 30% 的概率可以被支持者介绍给 CIO（首席信息官），销售要了解 CIO 想要什么样的商务智能软件，并且给出合适的方案。

获得 CIO 的支持后，销售有 50% 的概率能见到 CEO、CFO（首席财务官）等其他关键人物，他们对商务智能软件的需求可能跟前两组人不一样，销售也要及时洞察并提供相应的解决方案。

这一步工作做完，销售有 60% 的概率可以进入招投标或者正式提案阶段，之后有 70% 的概率进入谈判阶段。而通过谈判阶段后，签约的概率就会高达 90%。这一步步算下来，一个销售要经历的复杂流程被拆解得一目了然。

这张图对公司来说，是进行销售预测、业务管理的依据，对销售个人来说，也是极好的业务抓手。你可以根据一个月或者一个季度的任务量，倒推漏斗开口是不是足够大，也就是初步接洽的客户数量是不是足够多。这个数量如果不够，即便后面的工作再努力，你也很难完成任务。把漏斗做大的方法，就是多收集销售线索，多打电话，多邀约，甚至去陌生拜访。

你可以观察自己每一步的赢率与公司普遍赢率之间的关系，从而判断自己每一步要做到什么量。比如，这个月要做多少份报价，你才能获得理想的谈判数量。

通过销售漏斗，你可以清楚地知道自己在整个销售流程中的滞留点是哪里。比如有的人打电话的数量非常多，初步接洽后获得支持者的赢率也比公司的普遍赢率高，但在权利支持者或者覆盖其他关键人物的阶段，赢率比较低，甚至陷入停滞，那就是勤奋足够，但高层对话能力偏弱；而有的销售在获得支持者确定后成功率很高，但依然完不成任务，那就有可能是漏斗开口不够大。经过这样的数据积累，销售就可以清晰地知道自己的漏洞在哪里，能力缺陷是什么，从而有针对性地提高自己某一方面的能力。

销售漏斗还可以帮助销售拆解任务，把目标划分为若干个阶段，成为推进业务的有效抓手。如果在公司的销售排行榜上名次靠后，你先不要着急，可以分析一下自己的漏斗数据究竟差在哪里。

那么，如果公司没有使用 CRM 系统，你是不是就没有这个抓手了呢？也不是，有的公司虽然不使用 CRM 系统，但也会定义自己的销售流程，统计各阶段赢率，根据这些抓手，你照样可以及时进行自我复盘。如果公司连这两个基础动作都没有，你也可以从自己的反复实践中规范工作步骤、提升赢率。

总之，**销售是一个需要综合能力的工作，给自己一个抓手，就可以事半功倍。**

在做了充足的准备，学会如何管理自己后，接下来你要做的，就是不断接触客户，在实践中成长。在“打单”的过程中，你会经历什么，遇到问题后又该如何解决？我们一起来看看。

◎打单实战

怎样开发和管理客户线索

途径：多渠道开发客户线索

· 张磊

很多公司都有一个客户线索池，将一直没能成单的客户，某个销售离职后无人认领的客户，以及从各类渠道收集的潜在客户信息纳入其中，让刚刚入行的新人从中筛选出有意向的客户去跟进。有的公司线索池特别庞大，销售每天加班加点都筛选不完，但也有的公司线索池很小或者根本没有，新人必须自己去开疆拓土。但新人初来乍到，在行业中很可能一个人都不认识，到哪里去寻找潜在客户呢？

尽可能多地获取销售线索，是几乎所有销售新人都会面临的第一个挑战。对此，你首先要摆正心态，认识到这是一个需要长期积累、循序渐进的过程，不可能一蹴而就。十几年来，我的工作一直是针对制造类企业销售工业产品，我认为，ToB 销售在寻找销售线索时，可以考虑以下几种途径。

行业展会或者行业论坛是不错的获得销售线索的途径。不管你销售的是实物产品还是解决方案，每种产品针对的行业在一年当中总会有几次论坛和展会，在规格比较高的活动中，参加的企业和人非常多，这时候你要竭尽所能多多发名片、收名片，主动找人交流，认识尽可能多的人。

行业活动可以使你快速与潜在客户建立直接联系，但这样的活动一年也就几次，你必须找到更多获取销售线索的方法。比如，你可以通过行业媒体、社会新闻、企业信用软件、网络营销工具等渠道，获取目标行业中的企业名称、主营项目、电话总机和地址等信息，将它们收集起来，做成表格，然后挨个联系，看看谁有可能是你的潜在客户。

你可以直接打目标企业的电话总机碰碰运气，看看能否找到相关采购人员，或者产品使用部门的对接人。

你也可以去领英或者脉脉等职场社交软件上寻找企业的相关对接人。假设我是卖服务器的，就去上面找目标企业的相关人员，通过他们找到负责服务器采购的人。我做一线销售时，一直是职场社交软件的付费用户，可以直接加陌生人为好友，和他们建立联系。

你还可以去招聘网站上找到这家企业的招聘广告，说服HR（人力资源）介绍或引荐。有时候，招聘广告不会留HR的电话或邮箱，而是直接留招聘部门（比如技术部）负责人的联系方式，这样你就有机会联系上他们，逐步找到和你对接的关键人。

你还可以直接到企业所在地进行陌生拜访。不要以为这种方式不靠谱，很多时候，客户就是你一趟趟跑出来的。

如果售卖的是政府采购类产品，你就要长期关注各地区政府的招标公告，以便及时获得招标信息。

其实，获取销售线索的方式还有很多。这些初级线索是销售工作的起点，你不要觉得这些办法老土，甚至瞧不上，线索越多，你的销售漏斗开口才会越大。

每个行业的销售都有独特的寻找客户线索的方法，比如售卖户外用品的销售可能会常年参加户外俱乐部的活动，从中拓展客户；售卖母婴产品的销售会不断加入各种亲子社团，认识更多妈妈，寻找目标客户。其实，在开发客户线索方面，每个销售都有自己的独门秘籍，我们一起来看看穆熙双的办法。

洞察：客户线索需要长久经营

· 穆熙双

汽车销售顾问日常在4S店里工作，可能大多数人会因此认为，我们的销售线索都来源于进店客流，业绩好坏取决于我们能否服务好这些自己找上门的客人。其实，我们获得销售线索的途径远不止这么单一。

通常公司会通过网络营销渠道获得海量的客户线索。早在2015年左右，我们品牌就把几家汽车网站上的线索集中到了一个端口，客户可以在上面留下联系方式，并且选择经销商。这样就会有大量用户线索给到店里，我们必须在品牌规定的时间内，通过打电话的方式把这些线索一一落实，从中筛选出比较有意向的客户，转交给专门承接这部分客户的销售顾问。

在我们店，只有工作时间长、业绩特别突出、走销售专家路线的人，才有资格承接电话销售团队筛选出来的客户，因为他们谈判能力强，把握机会的能力突出。而其他销售顾问都要自己想办法寻找销售线索。这对于刚入行的新人来说，无疑是巨大的挑战。

入行6个月，通过试用期考核后，我有了独自接待客户的资格。当时，我们店里工作3年以上的老销售比较多，对于他们来说，老客户的转介绍已经足够完成每月任务，他们一般会坐在店里的沙发上，等待约好的客户上门。而我刚开始干活，没有任何资源，只能从零开始。我的销售线索主要来源于以下几个方面。

第一，展厅是销售新人最主要的线索来源。

入行第一年，我的展厅接待量比较突出，店里其他销售顾问的月平均展厅接待量是二三十个客人，而我能做到四五十个。为什么我会比别人高出那么多？

我首先抓住了中午的时间。还在试用期的时候，我就发现，工作时间站在展厅门口附近的销售顾问其实接待不到很多客户。一是因为工作时间客人本来就少，二是因为那时候在展厅等新进客户的销售顾问有好几个，不一定能轮上你。但中午情况就不同了，中午是大部分销售顾问吃饭的时间，也是很多客人利用工歇出来看车的时间。客人经常在店里绕了一圈都找不到销售顾问，只能失望地离开。所以，可以接待客户后，我就每天中午提前吃饭，在别人吃午饭的时候站到门口，所以中午一两个小时的进店客户基本上全都是我的。

此外，我还发现，我们店的售前、售后部门距离很近，很多过来做保养和维修的客户在等待之余，也会到展厅里转一转。这些人不是从正门进来的，而是从售后的侧门进来的，所以前台不会给他们安排销售顾问，而销售顾问一般也不会在意这些人，觉得他们的购买意向一定不高。但我不这样看，我们品牌不是经济型轿车，客户基本上都有一定的经济实力，只要被打动，就有可能换车。所以，我只要看到售后的客人在展厅里转悠，就一定会走上前去聊一聊。很快我就发现，售后部门的客人成交率特别高，每个月我总能签下来两到三个。

同时，我还发现保险业务的客户中也有一些会转化为新单客户，比如客户在行驶中出现追尾或者更严重的事故后，会来店里办保险；如果车损害比较大，有的客户就不想修了，会考虑直接换车。所以我也比较注重跟保险业务员保持沟通。

第二，互联网可能是当下获取销售线索值得关注的渠道。

对此，我没有相关实践经验，但是听说或者看到很多销售顾问都会在这方面下功夫。比如有的汽车销售顾问会在短视频平台开设个人账号，日常发布一些汽车知识的介绍和自己工作的视频，同时把自己的联系方式和店铺位置公布出来。粉丝数量多了，就会有人特意上门来找他买车。

第三，圈层经营也是获得销售线索的渠道之一。

这主要是针对一些有固定偏好的群体。比如社交沙龙、赛车或者马术群体，一般会比较关注高端车型，对汽车某一方面的性能有特殊的偏好；而一些亲子或者户外运动圈也会有自己鲜明的车型偏好。销售顾问长期经营这样的朋友圈，久而久之就会有订单产生。

第四，老客户转介绍是获取销售线索的重要渠道。

工作时间长了，销售顾问会积攒一大批客户资源，其中总会有几个“热心肠”介绍自己的朋友或者同事过来买车，而亲戚朋友发现你在这行干得不错，也会推荐身边的人找你买车。

转介绍客户对于销售顾问的长久发展来说特别重要。我们曾经对成交数据做过统计，发现展厅随机进店客人的成交率只有 15% 左右，从网络营销渠道邀约来的客户成交率能达到 45% 左右，而老客户或者熟人转介绍客户的成交率高达 80%。但拥有转介绍客户是销售顾问长期积累的结果，入行前两年，你基本不可能拿到这样的订单。如果想长期在汽车销售行业做下去，你就一定要想办法拥有更多的转介绍客户。

在所有开发客户线索的方法中，经营朋友圈可能是一个基础且必须长期做的动作，几乎每一个做销售的人都十分重视这块阵地。但朋友圈要如何经营呢？每个销售的方法都有所不同，有的人会连续不断地发送产品广告，有的则会经常晒一些自己的荣誉。但在张磊看来，这些都不是好办法。

营销：在朋友圈持续进行自我推广

· 张磊

很多销售都会有这样的烦恼：上周在展会上加了一位客户的微信，当时聊得挺投机，他对我们的产品很感兴趣，说以后可以继续深入交流，但回来以后，再联系他，他就完全不理我了，这可怎么办？

在我看来，这样的情况很正常。展会上聊起来，只能说明你们认识了。**销售的要义在于你理解并且能满足对方的需求，同时赢得对方的信任。**如果这两方面工作做得不够，当然没有进一步沟通的机会。这时候，你就是给他打再多电话，发再多微信，他对你也毫无感觉，甚至会心生厌烦。

如果暂时不能找准客户的需求，也不知道怎么增进他对你的信任，那么你可以适当降低给客户直接发消息的频次，通过朋友圈去逐步影响他，让他对你产生兴趣与信任，然后你再去跟他谈业务、谈产品。也就是说，通过朋友圈的内容营销，打造人设，树立个人 IP，从而建立客户对你的认知，增强信任感。

首先，你要“模仿客户”，也就是说，做哪个行业的销售，你就要让自己看起来像这个行业里的人。

你要研究客户画像，比如客户大部分是什么年纪的人，喜欢谈论什么问题，平时关注什么，等等。此外，你要在兴趣点上把自己变成他们当中的一员，发在朋友圈的文章最好是行业普遍关注的问题。比如我有时候会转发制造业的行业调查和前沿问题分析类文章，这些文章和我的业务有关，大概率也是我的目标客户会感兴趣的内容。这样我会很自然地吸引客户的注意力，之后如果有机会见面，我们可能就会以某篇文章为话题聊起来。

以我为例。我有一个客户，加了微信后大概半年都没怎么联系，直到当我自认为对他们公司已经比较了解后，我才邀约他见面，他痛快地答应见我。第一次面谈时，他突然说："我看你之前发的一篇文章很好，我觉得其实这个问题还可以这样理解……"我们很容易就聊起来了。

其次，你要适度展示真实的自己，而不能伪装成另一个人。

很多销售都知道朋友圈很重要，所以每天都会在朋友圈分享很多内容，把自己打造成健身狂人、学习达人，跟打了"鸡血"一样；或者展示参加各种聚会、美食嗨翻天的场景，表现出非常活泼外向的个性。但其实这根本不是真实的他，一旦去拜访客户，他很容易"见光死"，给对方一种"突然变成另外一个人"的感觉。

伪装成另外一个人，经营一个不存在的人设，会极大地影响客户对销售的信任。在发朋友圈时，销售要在基于自身真实个性的基础上，把客户群体画像的一部分特征带进来，进行融合。比如我经常会发接送孩子上学、上班路上吃早点的照片，这些真实的生活场景可以传达出我是一个脚踏实地、认真生活的人。

最后，你要适度展现自己的专业度。

有些销售特别喜欢晒自己的荣誉，比如公司销售排行榜第一名、年度 Top Sales、件数冠军、这个季度又完成了 500 万元销售任务等，仿佛这样做就能向客户展现自己有多厉害、多专业，但我从来不这么做。一方面是我为人比较低调，觉得这些荣誉其实对客户来说没什么意义；另一方面，更重要的是，多年来我发现，拼命晒成绩单，其实是在给自己帮倒忙，因为大多数客户其实不愿意和 Top Sales 打交道，他们会特别警惕甚至处处防着这些“老手”。晒排行榜的名次，展示销售额，只会让客户觉得你不好对付，而自己对你来说不过是一个数字而已。客户需要的是一个能够真心实意为自己考虑、做事靠谱、有求必应的人。

那么，不晒成绩，又如何传达出自己的专业度呢？我认为真实的场景往往更有说服力。比如你可以晒和同事们开会研究解决方案到深夜的图片，表明为客户全力解决问题的敬业态度；也可以晒你下生产线，带着技术人员给客户做售后检测的工作场景，表明签单后你依然会对客户负责到底的服务操守；还可以晒你给基层销售人员做培训的图片，可以很好地体现你在专业上的成熟，以及公司对你的认可。这些真实的信息不浮夸、不炫耀，就是你实实在在做的事情，非常有利于你在客户心目中留下好印象。

这三方面内容融合在一起，就是一个认真生活、踏实工作、做事靠谱、乐于学习和研究的人。在这其中，我觉得还应该注意三点：

第一，在措辞上切忌过于激烈。这个问题尤其会发生在新人身上，年轻人对一些问题的看法很容易偏激，比如最恨什么人、特别讨厌什么等，这种情绪化的表达会让理性的人敬而远之。

第二，避免一些比较八卦的话题，比如某某明星离婚了、有什么内幕、谁谁谁很渣等。这样的花边内容会瞬间让客户觉得你很 low（低端），认为自己和你不是一路人。

第三，在客户面前的任何呈现都要具体，不能虚头巴脑。因为只有具体的问题、具体的场景、具体的信息，才能体现出真实，而真实才可信。

现在，你的记事本上可能已经记满了密密麻麻的客户线索，其中有的来自朋友圈，有的来自老客户转介绍，有的来自公司的线索池。针对不同来源的客户，你的销售策略应该有哪些区别呢？

策略：对不同来源的客户进行差异化经营

· 张磊

从各个不同的渠道获得客户线索后，销售应该立刻开始行动，动作一定要快，不能等，很多时候你一等，机会就没有了。但是，在开始行动前，你最好多做一步，把客户进行分类整理，根据不同的来源制定差异化策略。

第一种，老客户转介绍，或者是主动找上门询问的客户。

老客户在认可你的专业度和人品的前提下给你介绍的客户，一般来说是在同一个行业和圈子、有明确需求的人，有需求，有人给你背书，成功率自然比较高；而主动找上门的客户，大多数是看到你们的广告，记住了电话号码，专门过来询问的，也是有明确需求的精准客户。

面对精准客户，你一定要快速接触，确定需求后直接展示价值、抛出条件，而不要藏着掖着。比如有的客户可能会打电话过来询问："你们这个东西多少钱？"这是很常见的问题，但很多销售会回答说："您看什么时候我上门咱们见面聊。"意思是电话里我不报价。

现在很多销售培训都会告诉新人，没见面时一定不能报价，这是工作原则。但我个人特别反感这种做法。如果我是客户，觉得这个东西不错，肯定想知道大概多少钱，是一万元还是一千元，了解一下价格区间，但如果销售在电话中就是不肯谈价格，一个劲要求先见面，那我很有可能就直接把电话挂了。

那是不是说客户一问价格，你就要马上报个数字呢？也不是。你一定要先问清楚他的情况和需求，比如他现在用的是什么产品，有什么地方不满意，想要什么样的产品，要解决什么问题，等等。你一边听，一边脑子要快速转动，怎样报价才能既让客户期待使用你们的产品，又能接受这个价格。比如你可以说，我们的产品，如果跟您现在用的产品比，能解决您哪方面的问题，但价位可能要高一些，在 1 万～2 万元这个区间。

这样说，并没有给对方非常准确的价格，而是给了一个范围。因为每种产品根据配置不同，价格跨度确实非常大，不管是方案型产品还是实物工业品，都不是一个标准品，需要根据客户的需求去组合、开发。如果这个价格范围是产品的正常区间，对方听完反应却非常夸张，惊呼"这么贵！"那对待这个客户，你也就不需要花费过多时间和精力了。

所以，在问清楚需求后给一个价格范围，既是帮助客户进一步做判断，也是在为销售自己做客户筛选。

第二种，熟人转介绍，但需求尚不明确、干扰因素比较多的客户。

这种基于人脉的业务，有外力做背书，一般来说成功率还是比较高的。但这并不意味着你要不管三七二十一地冲上去，而应该有策略地推进，尤其要注意把中间的介绍人、渠道资源配合好。比如我卖工业油品的时候，我们老板与客户公司的技术总工非常熟悉，把他介绍给了我。经过短暂沟通，这位技术总工爽快地答应把我介绍给他的老板。但他明确地告诉我，下一次来见他的老板时应该聊什么，哪些东西不要提。他不让我提的，正是我们产品的优势案例，是一般情况下我们都会向客户介绍的内容。遇到这种情况，可能很多销售新人会感到没有安全感，觉得见客户老板，一定要把优势内容和盘托出才对，甚至盘算着如何甩开这位总工，直接和老板沟通。

但我没有这样做，而是遵照这位总工的指示进行。道理很简单，他这样要求我，一定是基于他们内部的一些情况，或者是他自己的某种考虑，如果我反客为主，不遵照他的指示行事，很可能会触碰到我不知道的“地雷”，结果不是得罪了老板，就是得罪了总工。后来我才知道，这位总工不让我提的优势案例，是和他的老板有矛盾的一家公司，如果我告诉他的老板这家公司用了我们的产品，老板大概率会直接拒绝我。

作为销售必须明白，在熟人转介绍业务中，介绍人才是主角，他给你的指示、安排，一定要遵守，不能反客为主。

第三种，陌生开发的潜在客户。

这样的项目，一般来说成功率不会很高，需要你付出更多的心力。比如你从招标网上发现了一家企业，它向全社会发布了需求，可你当下并没有关于它的任何人脉资源，只能从零开始接触。

我早期做一线销售时，对于陌生潜在客户曾经犯过很严重的错误。那时候，我自认为收集信息的能力很强，电脑里存了很多陌生潜在客户的名单以及各种背景资料。每当打开 Excel 表格，看着长长的名单和密密麻麻的信息备注，我心里就特别满足，特别有成就感。这些客户，我都打过电话，虽然大部分只能打到前台，但我确定这些采购项目真的存在。当时我很乐于做这件事。

但很快我就意识到，我只是确定了项目的存在，并没有迅速找到每个项目的关键人，赶紧上门拜访。“拜访”这个动作极其关键，但我当时没有跟上。我总是在心里想，这周就坐在办公室里收集信息，下周再出去跑。但等我下周上门拜访的时候，对方的桌子上已经放满了其他公司的材料，有的客户甚至直接跟我说，你不用来了，找我们的人已经够多了。

在ToB业务里，如果你拖了几天，甚至一周还没有找到关键人，别人很可能已经捷足先登了。现在很多新人也是如此，安于坐在办公室里查资料，认为我在工作，我没有浪费时间，实际上这是在欺骗自己。犯这个错误的根本原因，是没有真正理解销售工作。销售需求不会等你，你应该第一时间去接触，搭上这条线，然后怀着足够的耐心，把身段放低，勤跟勤跑勤动脑，持久地关注这个客户。如果暂时没能获得见面的机会，你也不要气馁，只要对方不明确跟你说没需求，或者已经选择其他商家，你就要坚持不懈地去邀约。

我一般会把客户分成以上三种类型，第一种老客户转介绍和主动找上门的客户优先级最高，他们的需求一般来说比较紧急；第二种熟人转介绍，但需求不明确的人脉业务，优先级次之。这种项目虽然成交率也不错，但往往不是很紧急，需要你做充分的工作，去激发与确认需求，同时还要遵照介绍人的指令和安排，配合他来推进这个业务。在这其中，你是相对被动的一方，不是主导方。而第三种陌生潜在客户，需要你持续地开拓和经营，它的难度最大，你必须以尽可能快的速度把“量”做上去。

收获线索，选定基本的策略后，销售的下一个动作就是筛选线索，看看哪些人可以进一步跟进。这是一个从销售漏斗的顶部，也就是开口最大的地方逐渐往下深入的过程。对于大部分销售来说，筛选工作是通过打电话或者发送私信的方式来完成的。在这个过程中，销售会面临大量的拒绝。

作为新手，当对方挂断你的电话，或者对你的信息视而不见时，你往往会产生强烈的挫败感，这时候该怎么办呢？

如何面对挫败感

抗压：以强大的内心面对拒绝

· 崔相年

打电话探询需求、邀约见面，却被拒绝，电话直接被挂断；约好了时间去拜访客户，但客户突然有事不在，或者让你一等就是两三个小时，然后告诉你已经选择别家了；陌生拜访，却被拒之门外……面对拒绝，是销售工作的日常。但在所有拒绝中，打电话是销售新人要面对的第一道坎儿，也是最难熬过的坎儿。

在我们公司，新人结束训练营的培训，正式上岗后，公司会提供非常多的销售线索，每个人每天要打够100通电话才算合格，其中不包含号码错误或者空号的线索，要全都是姓名和号码无误的有效线索。100通电话，其中绝大部分都会被直接拒绝或者挂断。

在参加行业论坛或者展会时，销售新人会发出去很多名片，也会收回来很多名片。然后，你需要把所有名片上的电话都打一遍，进一步探明对方的需求。但很可能发生的情况是，你自以为在展会上和对方谈得很好，但其实人家对你根本没什么印象。这是很正常的现象，展会上有那么多人，收到的名片也多得数不过来，人家凭什么要记住你呢？你满怀期待地打电话过去，对方却很可能随便应付几句就挂断了，根本没有下文。

这两种打电话的场景，其实都是销售对海量线索进行筛选的过程，那些在电话中表示对产品感兴趣、愿意和你聊聊的人，就可以进一步跟进了。除此之外，一些新人入行后，还可能被直接分配到电话推销团队，每天的任务就是打电话，筛选线索。

打电话这个环节被拒绝的概率极高，真正能够进入下一个环节的线索一般不会高于10%。这样高频率的拒绝，会让人产生强烈的挫败感，以至于很多新人在这个环节就败下阵来，要么想尽一切办法避免打电话，采取效率比较低的发微信或者陌拜的方式，要么就直接走人，放弃这份工作。

销售工作的每一步都需要有强大的内心，如果不受挫、不抗压，根本无法成为一名合格的销售。但这种强烈的挫败感毕竟是不可避免、真实存在的，它是一种快速的负面反馈，很少有人能真正做到内心不起波澜。

那么，如何化解这种挫败感，以便进一步推进工作呢？大部分公司会灌输给销售一些理念，告诉销售，不管是打电话，还是“扫楼”“扫街”，你都是在做筛选工作，而筛选是一个概率性动作，你被拒绝，只是因为对方不是你的目标客户，你不要在意谁拒绝了你，而是要挂断电话，马上拨通另一个号码，你要关注的是你的转化率到底有多高，能不能从10%提高到11%。很多公司会让销售反复背口号，比如“没有拒绝，只有回应”，目的就是麻痹被拒绝的感受。

但我认为，“筛选”的理念其实只是一种安慰，在此基础上的各种激励、麻痹都只是对挫败感暂时的缓解，治标不治本。当夜深人静的时候，挫败感依然会涌上心头，沮丧、自我怀疑会一股脑出现，让人对职业失去信心。这个时候，你又该怎么办呢？

其实，销售这份工作和人生是一个道理，当你面对无法化解的难题和无法走出的困局时，你必须硬着头皮突出重围，不管多难，都要坚持让自己跨过这道坎。能让你真正对抗挫败感的唯一方式，就是不断打磨沟通技能，丰富自己的经验，取得好的结果，获得正向反馈。除此之外，没有捷径。

当你每天打了上百个电话，终于获得了几条可以跟进的线索，并且进一步见到客户后，你沮丧的心情才会真正有所好转。每天多一条可以确认的线索，每天见一个或几个有需求的客户，不断思考方案，提升谈判技巧，在拒绝和困难中不断前行，最后终于签单，在这一刻，你的挫败感才能真正得到治愈。这种正向反馈慢慢积少成多，有朝一日，当你在内心认可了自己的能力和对职业的选择后，可能依然会不断面对拒绝，只是到那个时候，你会发自内心地不在意。

话题又回到选择做销售的初心上。当你决定干这一行的时候，就意味着所有这些委屈，所有这些不容易，你都要认。

销售比其他职业更容易体会到人情冷暖，也更容易遭遇挫折。对此，除了忍耐和自我激励，你还可以通过不断学习，提升自己对职业的理解，借用他人的经验渡过难关。

方法：用拆解数字的方法坚定信心

· 穆熙双

用打电话的方式筛选销售线索，是我曾经遇到的最大难题之一。这项工作的成功率比较低，一般打 100 个电话，只有 10 ～15 个客户愿意和你多聊几句，可以继续跟进；同时，这项工作带给人的负面情绪是比较明显的，总是被拒绝、被挂电话，会逐渐产生自我怀疑和强烈的挫败感，认为自己每天的工作都徒劳无功。

在我最难以坚持的时候，汽车销售大神乔·吉拉德给了我很大的启发。吉拉德曾连续 12 年平均每天销售 6 辆车，荣登吉尼斯世界纪录“全世界汽车销售总量第一”的宝座，这个纪录至今无人能破。入行之初，他每天有八九个小时用来打电话。经过摸索，他总结出这样一套规律，大概意思是，给你 5000 条销售线索，从中筛选出 200 条可以跟进的有效线索，能约到 100 个人进店，最后有 10 个人成交；然后再根据客单价和提成比例，算一下这 10 张订单你能赚多少钱。如果你总共赚到了 1.5 万元，用它除以你打的电话数量 5000，得数 3 元就是你每打一个电话赚到的钱。他曾列出这样一个公式：

$$\text{每打一个电话赚到的钱} = \frac{\text{成单佣金总数}}{\text{打电话的数量}}$$

这个公式的意思是，每打一个电话，你都朝着成交走近了一步，不管对方的反应是什么，你其实都是在挣钱。每打一个电话，你就告诉自己又挣了 3 元钱，这样就不会觉得徒劳无功了。这实际上是用拆解目标的方法，让自己获得正向反馈，从而获得坚持下去的动力。这个办法对于当时的我来说如同救命稻草，让我一下子有了目标感。

后来，我们店要成立专门的电话销售团队，公开竞聘团队的销售经理，我竞聘上岗，组织团队专攻电话行销。其间，刘一秒的《攻心销售》[1] 进一步给了我启发。《攻心销售》写了销售要具备的“五颗心”：相信自我之心、相信客户相信我之心、相信产品之心、相信客户现在就需要之心、相信客户使用完产品之后会感激我之心。其中，在“相信客户相信我之心”中，作者提到，做电话销售被别人拒绝怎么办？比如电话拨通，你简单自我介绍后，客户马上说，我在忙，并且快速把电话挂断。那么，你就要相信客户是真的在忙，你打电话的时间对于他来说确实不合适，那你就换个时间再打。只要客户不明确跟你说不买，或者已经买了别家产品，你就一直和他联系。

现在回头看，当初我在强烈的挫败感中，之所以能坚持下去，除了自身对成功的渴望和坚持外，很重要的一点就是不断学习。**销售是一个古老的职业，你遇到的问题都不是新问题，你遇到的困境也早有无数人遇到过。所以，多看看别人是怎么想、怎么做的，对自己大有好处。**

销售是一个需要不断面对挫折的职业，而每一个销售人员都有独属于自己的抗压方式。史彦泽刚入行时，踌躇满志，却也遭遇过一连串拒绝。在最失意的时候，他偶然在地摊上看到了一本书。这本书只有薄薄一册，却从此陪伴了他 20 多

---

1. 刘一秒：《攻心销售》，中国档案出版社 2005 年版。

年。在采访过程中，他轻而易举地背诵出了书里的几句话："我如那孤零零挂在藤上的葡萄……我选择的道路充满机遇，也有辛酸与绝望……失败的同伴数不胜数，叠在一起，比金字塔还高……然而，我不会像他们一样失败，因为我手中持有航海图，可以领我越过汹涌的大海，抵达梦中的彼岸……"这本书的名字叫《世界上最伟大的推销员》。每当史彦泽心灰意冷时，这十几个羊皮卷故事就是抚慰他心灵的良药。他借助这本书审视自己，汲取力量。在最煎熬的时候，他甚至会一天连续背诵三遍。

被拒绝是销售的日常，如果你即将迈入这一行，应对挫败感可能会是你要过的第一关。

现在，你已经通过电话或者微信筛选出了潜在客户，他们有兴趣进一步了解产品。接下来，你将邀约他们见面，详细了解他们的需求和购买目的，展示产品。邀约见面是销售工作流程中的重要关卡，很多人有需求，却对你充满警惕，微信或者电话聊聊可以，但一涉及见面，就会犹豫不决。但一个不愿意和你见面的人，大概率也不会购买你的产品。如何才能让一个陌生人放下警惕，意识到见你不是浪费时间，而是对自己有益呢？

怎样获得与客户见面的机会

· 张磊

销售通过各种方法加上了客户的微信或者取得电话号码后，通常会这样跟客户发消息：“您上次在展会上见过我们的产品了，我什么时候可以拜访您呢？”“我们的产品最近在搞促销，您要不要囤一些？”或者“李总，高温化工管道在长期运行后，内部会产生大量的结焦杂质，我们这款工业清洗剂专门用于溶解和分离高分子聚合物，溶解效率在 80% 以上，您要不要进一步了解一下？”这样发消息，客户多半是不会理你的，因为你是站在销售人员卖东西的角度说话，而没有从客户的情绪和需求出发，说他想听、需要听的内容。

我在发消息时，通常会注意两点。

第一，简单明了，说场景，说效果。

比如，针对上面那段全是专业名词、让人完全看不懂的消息，我会这样改：“李总，我大概算了一下，根据您公司生产线的服役时间和产能规模来推算，每月电费大约 100 万元。如果我们帮您清洗一下系统管道，每月可以直接省下10万～20万元的电费。”给客户发消息，文字要越短越好，多一个字，对客户来说都是负担。产品用了什么材料，有什么物理和化学功效，客户对此是没有感知的，所以，我会直接描述产品使用场景和客户收益，让他一看就能明白这个东西是用来做什么的，对他有什么好处。

第二，有备而来。

销售跟客户沟通的每一条消息都应该是有所准备的，绝不能简单地复制粘贴公司给你准备好的推销话术，或者是同一条消息发给所有客户。

举个例子。我做过一段时间的网站服务工作，帮客户制作和优化公司网站。当时，我在展会上加了一个企业老板的微信。回来后，我没有马上联系他，而是先去看了他的公司网站。我从中发现了两个问题：第一，没有重点；第二，专业词汇太多，让人看不懂。但我不能直接说：“王总，您公司的网站有这样那样的问题，我能帮您改造得更好，现在还有一个优惠价格。”这太普通了，每个业务员都会这样说，客户凭什么把这一单业务给我呢？

我比别人多做了一步——把这家公司的整个网页架构重新梳理了一遍，整理成一个新的架构，用一张简洁的页面呈现出来，发给客户，让他能够直观地看到公司网站内容重新梳理和改造后的样子。客户收到后直接说:“你过两天来一下,咱们见面聊。”果然,见面后,客户很快就决定把他的网站交给我来改造。

所以,邀约客户不是有枣没枣打一竿子,尤其是那种早晚问候,反而让客户多了一层社交负担。人际交往的本质是你能带给对方价值。所以,当你想要争取一个客户,给他发消息时,别着急,先想想你做了哪些准备,客户最大的痛点是什么,以及你有没有可展现的东西,让客户直观地看到解决痛点之后的效果。这个可展现的东西,可以是一组数据,比如前文说的能直接帮他的公司节省多少电费;可以是一个方案,比如前文说的网站架构;也可以是一段视频,直接演示效果。这背后的道理很简单,人很容易拒绝一个描述和一个设想,但很难拒绝一个真实可见的效果。

不过,做到以上两点,是不是就能马到成功呢?未必。客户的需求可能不是那么紧急,他也许不想现在就考虑你这件事;或者他接触的销售人员很多,你为他展示的效果未必就是最好的。你可能费尽心思地调研、准备,最后他还是不怎么理你。这种现象其实很正常,千万不要心灰意冷,一次邀约不成,你就要二次、三次,不断地邀约。

但是,在继续邀约的时候,千万不能来来回回地发差不多的内容。比如这周你问客户:“您下周有时间吗?我去拜访您。”对方拒绝了，隔了一周，你又问同样的话。这样客户很快就会烦了，没准儿还会把你屏蔽，甚至拉黑。

邀约客户，对于大多数销售新人来说，都是一道难以跨越的坎儿，我自己也是这样。入行后，我大概有半年多时间一直停留在这一关，很难约到客户。当时，我和很多新人一样，一见到老销售就问，你是怎么约到客户的？有没有特别好用的话术？新人总觉得老销售有什么不愿外传的话术，只要一说，客户就同意见他了。其实并非如此。

销售每次邀约客户都要有不一样的理由。比如在经过充分调查研究后，你给客户做了一个方案，给客户发消息说：“李总，我给你们做了一个方案，可以帮您增加 20% 的效益，下周您什么时候有空，我当面给您讲一讲？”对方说没空。过了一两周，你再次邀约李总的时候，就不能又问：“李总，上次那个方案是不是找个时间给您讲讲？”你应该换一件事和李总沟通，比如：“李总，最近我听说您的一家同业公司好像采购了一套德国产品，这会给他们的业务带来很大改变。我们对这套设备很熟，也有些过往案例，您看要不要我过去给你们分享一下？”你还可以说：“李总，上次展会上，我记得您曾提到一个问题，最近我见的几个客户也遇到了类似的问题，我觉得他们的解决方法很有启发，您最近要是有时间，我去当面和您说说？”总之，你要在客户面前保持一种信息更新的状态，尝试用不同的内容去激发他的好奇心。见面之后，你再慢慢把话题引到你希望的方向上。

做销售不能有一颗玻璃心，被客户拒绝后，应该积极思考到底是自己哪一点做得有问题，然后不断调整，持之以恒。如果暂时无法见到客户，不要灰心，你一方面可以在朋友圈逐步影响他，让他逐步了解你可能对他产生的价值，另一方面也要不断寻找新的拜访机会。

经过海量的线索筛选，艰苦的电话或者微信邀约，你好不容易获得了与客户见面的机会，恨不得兴高采烈地冲出门外。但请冷静，与客户的见面机会可能只有一次，如果把握不好，你就再也没有机会了。

拜访客户前要做哪些准备

信息：充分了解客户的业务与人员特点

· 张磊

对于 ToB 业务来说，摸准客户业务特点，找准关键决策人是极为重要的。我在入行之初，就在这方面犯过两个错误。

第一个错误是没有找到关键决策人。

我服务的第一家企业是做服装面料的，我的任务是向一些服装品牌和生产厂家推荐我们当季的一些新款面料。我当时的工作逻辑是这样的：先在网上搜索服装生产企业的总机或者前台电话，然后打过去问采购部的电话，电话打给采购部后，我会问他们能不能让我去见面聊一下。去见完采购部的人，如果他们对我印象不错，会拉上设计师，一起建一个三个人的小群。

这样次数多了，我才发现，在买面料这件事上，设计师的话语权最重，只有设计师认可了，采购部才会执行购买。所以，我应该首先去和设计师沟通，而不应该从总机或者前台开始打电话。从取得总机或前台的电话，采购部的电话，到去和采购部的人见面，再到采购部的人给我拉群，这中间每一步都有折损。前台不理我，不给我采购部的电话号码，一条线索就没了；采购部的人不见我，我也一时没有别的办法。很多客户线索就是这样白白流失的。

这就是我在行动前，没有对客户的决策链条进行充分了解导致的错误。如果我抓住了决策链条上最重要的一环，先去想办法认识设计师，搞定设计师，成交率就会提高很多。

第二个错误是对客户的业务不熟悉。

当时，我总是抱着公司当季的所有面料样品去见客户，大概有几十种。那时我刚毕业，还没有私家车，去哪儿都是坐公交或者骑自行车，带着这么多东西跑来跑去自然很费力，但我却全然不知这么做有多愚蠢，反倒觉得自己很勤奋、很敬业。其实，把那么多样品毫无重点地一股脑展现给客户，并不能很好地凸显面料的特点，客户挑选起来也非常麻烦。人家一烦，可能就不选了，直接说“你走吧，我们可能不太需要”。

如果是现在，我会先研究一下这个品牌的主营服装，是二十多岁的青春女装，还是四十多岁的中年女装，客群不同，调性肯定不同。我再根据品牌调性有选择性地展示，有针对性地推荐，这样不仅能节省客户的时间，还能给客户留下一个好印象："你一个二十多岁的小伙子还挺懂女装时尚啊！"这样跟客户之间就有了更多的话题。

这两方面错误，其实都是对客户的背景信息了解不够充分导致的。所以，我特别想对新人说，销售过程一定要遵循科学的流程，不要认为凡事只要勤奋、敢打敢冲就行。在见客户前，你要做大量的背景调研，向同行了解与客户相关的各方面信息，比如客户在市场中的优劣势、产品特点、关键决策人、决策链条等，并且反复演练各种版本的话术，设想各种可能出现的场景。总之，你必须做足准备，不打无准备之仗。

除此之外，你还要思考应该以什么样的个人面貌拜访客户。这与经营朋友圈的道理类似，你必须干一行像一行，在衣着、言谈举止、话题兴趣点等方面，尽可能把自己变成和客户差不多的人。

比如穿着。我刚入行时的客户是服装企业，采购部的人年纪大多在三四十岁，他们平时穿着十分随意，风格多样，那我就不能穿着笔挺的正装、打着领带去和他们聊天。我可以用衬衫配一件休闲西装，冬天的时候外面加一件呢子大衣，这样看起来既不失礼仪和庄重，又不会过于严肃。

又如话题兴趣点。客户采购部的人平时关注的问题可能比较"家长里短"，虽然我当时只有二十多岁，但也可以和他们聊上几句乡里乡亲的事；服装企业采购面料时，设计师的权重比较大，那我就多聊一些设计师可能感兴趣的内容。后来我转行到制造业，有些客户偏爱古诗词，喜欢读古典文学方面的书，那么我在见他的时候，就可以多谈谈这方面的内容。与客户见面的时间通常有一两个小时，如果只聊业务，结果多半好不了。

让自己在各方面与客户更为接近，是为了能够更好地沟通，考验的是你对人的洞察和模仿能力。在新人阶段，心态上不要老想着“我”是什么样的，而要去想客户是什么样的。在这一时期，模仿能力特别重要。

此外，去拜访客户时，你不能只盯着那几个关键角色，而要把社交意愿放到最大，让自己能够和身边任何人攀谈起来。

比如我去拜访客户，如果时间还早，我一定会先和门卫聊上两句；在客户老板的办公室门外，如果秘书让我等两分钟，我除了会和秘书聊上两句，也会和路过的保洁阿姨打声招呼。不要小看这些貌似和项目无关的人，他们很有可能会在某一个关键节点给你提供非常有价值的信息，比如老板最近是不是真的出差了，哪个部门下班比较早，哪个部门频繁加班，等等。获得的信息越多，你对客户的把握就越到位，制定的行动策略也就越容易成功。

最后，如果客户答应见你，结果你去拜访的时候却吃了闭门羹，千万不要气馁，这其实很正常。但你也不要赖着不走，死缠烂打，最好先退出来，再做打算。如果感觉自己的几句话并没有戳中客户的痛点，那么你就要反思，是不是自己做的功课不够，需要更加详尽地调研；如果确信自己的打法没有问题，你也可以靠执着来赢得对话机会。有的销售甚至会在客户门口一连站上好几天，客户来上班，他和人家打个招呼，客户下班再打个招呼，这样几天下来，大多数客户都会和他聊上几句。

不论吃过多少闭门羹，遭遇多少冷眼，只要不离开销售这个岗位，你就不能因为受挫而减少拜访客户的次数。做销售的初期，如果不去大量接触客户，你基本上是做不下去的，更不可能做好。**只有多拜访、多碰壁、多总结，才能快速积累经验。**在这个过程中，你的心理要受得住挫折，身体也要受得了辛苦。

吃闭门羹、被“放鸽子”是销售要经常面对的尴尬局面，但顺利见到客户，就一定会成功签单吗？未必。刚入行的新人经常担心的一件事是，在客户面前，尤其是职位比较高的客户面前，自己会语无伦次，手足无措。

痛点：提升高层对话能力没有捷径

· 史彦泽

销售新人往往刚从学校毕业不久，社会经验不是很丰富，在做 ToB 销售时，面对客户中的高层管理人员，比如采购部、IT 部的负责人，乃至 CEO、董事长，无论在阅历、心态、气场，还是在行业认知、谈判技巧等方面，都处于劣势，极易在面谈中形成不对等的局面。

为了解决这个问题，每个公司都会给销售提供一些询问客户需求和痛点的现成话术，但几乎没有一个高层会像教科书一样回答问题，给一个你想要的答案。比如你问："老板您有这个需求吗？"他不会机械地说有或者没有，而是反问你另一个问题，比如"你们公司和 ×× 比有什么优势"，或者"最近关于你们的负面报道是真的吗"。在这种被客户高层施压的情况下，你怎么从容应对？当他拒绝你的问题时，你怎么继续跟他对话？

年轻销售如何具备高层对话能力，是 ToB 业务的一个痛点。你可能会认为，高层对话能力要依靠经验的积累和时间的磨砺。但如果不迈出第一步，你永远不会有任何积累。

那么，如何迈出高层对话的第一步呢？

我认为，**新人唯一的选择就是做足功课，用"强准备"的**

方式迎接挑战。在拜访一位客户前，销售一定要掌握以下几方面信息。

第一，了解客户公司的需求。所谓了解需求，并不能简单地跟客户需要什么产品或方案画等号，而是理解客户为什么需要。其中涉及客户公司的背景和行业地位；客户目前的经营状况和业务痛点；客户有什么样的愿景，长期目标和短期目标分别是什么；哪个角色最关心这个问题；等等。

第二，了解你要见的那个具体的人。比如他有什么样的学业背景和工作经历，他对什么话题最感兴趣，他为什么同意见你，他业务需求的背后要的究竟是什么，等等。

第三，了解你要拿出去的产品或方案。你的产品或方案如何解决客户的痛点，能给他带来什么价值和改观，这些你都要了如指掌。

ToB 销售其实很像医生，你得先了解客户的痛点，再对症下药。如果不知道他的痛点，你又如何与他对话呢？不管年轻与否，有经验与否，只要做的是顾问式销售，你都要把自己提升为一个行业专家，一个专业的服务者。

在很多重视培训的公司，培训人员会主动帮销售梳理不同行业客户高层的共性，他们普遍的痛点和需求是什么，普遍的组织架构和决策顺序是什么，普遍感兴趣的话题有哪些。

但公司的销售培训只能起到辅助作用，销售要想真正提升高层对话能力，其实没有捷径，只能做足功课，强准备，并进行长期的积累。如果坚持每天见客户，如果每天都能对客户进行充分研究，时间久了，你自然会有面对客户高层的手感，这是一个逐渐成长的过程。

如何在正式面谈前多多了解客户信息呢？我有一个小窍门——在客户内部寻找“线人”“小密探”。也就是说，在正式拜访客户前，你要先对客户的情况进行反复摸底，跟客户公司中的一些人进行充分沟通。“小密探”可能是你过去的熟人或熟人介绍的朋友，也可能是你在陌生拜访时随机聊起来的人，比如市场部、财务部的人或者前台。你要赢得他们的好感，让他们认为你要做的事情符合他们公司的利益，从而愿意为你提供一些关键信息。但这样打探来的信息往往不够准确，还需要你进行多方验证，同样一件事，听听不同的人怎么说，从中寻找准确的信息。

好了，现在你已经做足准备，要去正式拜访客户了，他可能是采购部的人，也可能就是老板本人。你已经把话术和产品特点背得滚瓜烂熟，准备在客户面前完美呈现，但请别着急，销售最重要的技能其实不是说，而是问。

如何进行一场成功的销售面谈

激发：让客户产生购买意愿

· 崔相年

很多人认为销售都口齿伶俐、能说会道，经常不管别人是否需要，就滔滔不绝地介绍产品，说个没完没了。这其实是一种非常不专业的表现。事实证明，这样的推销方式大家都很反感，成交率并不高。

销售的重要技能其实不是说，而是问，是让客户尽可能多说，只有这样，你才能掌握更多信息，你的动作才会更加精准有效。

图 2-4 展示了销售面谈的一般流程。

第一步，你要询问客户的业务现状，深挖目前业务的痛点，比如客户正在使用什么产品，使用过程中有什么好或不好的感受等。

具体应该怎么询问呢？通常情况下，销售会在正式拜访客户前，做充分的调研甚至调查工作，已经对客户的业务现状有了基本了解。见到客户后，针对现状的提问更多是为了让客户自己意识到现实存在的问题。

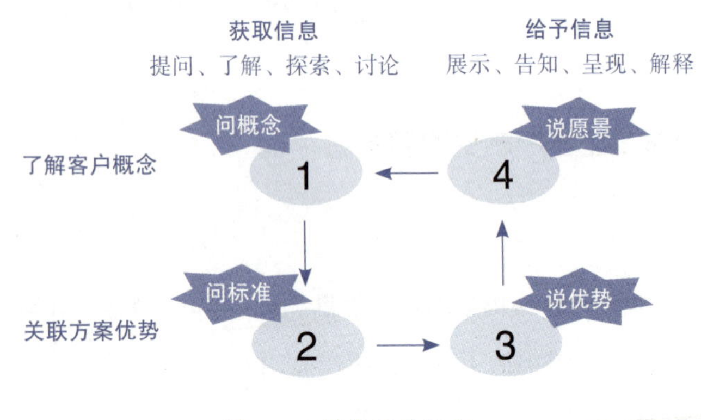

图 2-4　销售面谈流程

但是，正因为已经对客户的现状有所了解，很多新人在拜访客户时就很容易犯这样的错误——直接指出问题。比如，我知道您的公司现在面临什么样的问题，在哪方面做得不够好，我们的产品可以在这方面帮您做哪些改善……他信心满满地看着客户，却不知道客户心里很可能会感觉遭到了冒犯。这样做，相当于一个医药代表在暗处观察了你很久，突然有一天冲到你面前说，你有病，你现在是一个病人，特别需要我卖的药，赶紧吃。碰到这样的情况，你通常不会感激他，反而会很恼火。

那么，怎么让客户放下戒备与反感，坦诚沟通呢？

一般情况下，客户不会自己主动把现状说出来，你可以借着正在聊的话题，通过提问把问题引出来，比如，“是什么原因让您如此关注这个问题呢？”你也可以借助其他公司的类似情况进行试探性的提问，比如，“我现在服务的其他客户，普遍都会遇到一个非常棘手的问题，那就是……不知道咱们是不是也遇到过类似的问题？”利用当下的话题或者其他公司的案例，让客户主动把自己的担心说出来，客户会比较有安全感，也不会感到被冒犯。

当客户说出自己的担心后，你就可以帮他分析这个痛点可能会造成哪些后果，并让他想象一下，他是否愿意承受这样的后果。

第二步，你可以了解一下，在客户心中，相关业务应该达到怎样的标准，应该实现或者未来计划实现怎样的效果。比如，“您说的问题，具体是指哪些方面？您希望在哪些方面加强？您想如何加强？”只有问清楚现状与标准，你才能知道这两者之间的差距是什么，其中的差距就是你存在的价值。

但是，有明确标准的往往是老板或者CEO，部门负责人有时候并没有认真想过标准问题。比如一个工业生产部门的负责人，他长期使用一种设备，已经习惯了，虽然对这个设备有些不满意，但并没有想过更换，也不知道能换成什么。所以，从他那里是问不出标准的，但你一定可以问出他正在使用的产品有什么不好，这个痛点也可以成为你的切入口。

销售最基础的工作就是提问，如果见了几次客户，你仍然不知道客户现实存在的问题，也不知道他心中的标准，那么这张订单大概率是签不下来的。

充分提问后，你就可以开始第三步，谈谈自身优势，让客户了解你的产品或者方案与竞品相比有哪些方面的优势，与你合作可以给他带来怎样的改善。比如，“我的一位客户也遇到过类似的问题，我是这么帮他解决的：第一，我们在功能上增加了相应的模块；第二，我们在服务上可以做到……”你要根据客户的现状与标准之间的差距，来思考自己要体现哪些产品和服务优势，做到有的放矢。很多销售在刚见到客户，还没聊几句时，就开始讲自己的优势，这等于还没瞄准靶心就胡乱开枪。

第四步，你可以带着客户一起畅想，使用你推荐的产品或方案后，相关业务会得到怎样的提升，能实现怎样的愿景。比如，“这样的话，您在……的时候就可以……（描述概念被满足后的情况），您觉得这样可以吗？”如果不能完全帮助客户实现他心目中的愿景，那么把目标拆分，提供一部分帮助，也能体现你的价值。

这四个步骤都是通过提问的方式进行的，既体现了自身差异化的优势，又能和客户达成共识，可以很好地刺激客户的购买欲望。

坦诚：与客户建立信任的方法

· 崔相年

很多销售新人在拜访客户前，总是会有各种各样的担心，比如会不会被对方看出来自己还是新人，万一客户发现自己没经验怎么办？比如客户四五十岁了，自己才二十多岁，能和他对话吗，万一冷场怎么办？于是，很多新人会编造自己的项目经验，想让对方觉得自己服务过很多客户，做过很多项目。其实，这些项目是否真的是你做的，客户问一些细节就很容易看出来。

那么，新人在拜访客户时，应该如何面对自己没有经验的劣势呢？我认为，新人应该承认自己没有经验、缺乏技巧的事实，卸下伪装，用真诚的态度和客户沟通。我来分享两个经验。

首先，你要勇敢袒露自己的弱点。

有的新人担心自己会出错，总想拉着我去陪访，这时候我会跟他说："我今天虽然去，但尽量不说话，你可以跟客户介绍说，自己是新来的，没有太多经验，对产品的了解程度可能还不够，所以今天请自己的师父一起来了……"在销售方法论上，这种先把自己的弱点摆出来的方式叫"让步式自责"，也叫"全裸式销售"，这么做的目的是让对方看到你的真诚，降低对你个人或者一件事的预期，为面谈开辟出较大空间。

这种方式也可以用在谈产品或者方案上。比如，新人总担心自己售卖的产品价格高，可能会被客户嫌弃，所以一直对价格问题躲躲闪闪，支支吾吾，绕了一个大圈子后，客户终于知道了价格，惊呼"怎么这么贵！"这时候，客户很有可能会认为你在跟他玩套路，浪费了他的时间。我的建议是，当客户要求报价时，不要回避，直接说："我们的价格挺贵的，第一年是什么样的费用，第二年、第三年如何……这样定价背后的原因是……"客户一听，可能会有两种反应，第一种是"没那么贵呀"，另一种是"确实不便宜"。不论客户的反应是哪一种，你都要紧跟着让他知道这样定价的理由，突出一分价钱一分货的道理。这样，不管最后是否成单，客户都会认为你坦率真诚，没有藏着掖着。

"让步式自责"的方法还可以用在面谈陷入僵局时。比如，在一次面谈中，客户表现出冷淡甚至不耐烦的情绪。在这种时候，很多新人的压力就会非常大，不知道应该继续说下去，还是找个机会离开。我的建议是，你可以把自己的感受直接说出来，比如，“李总，我感觉您对于这件事并不是特别着急，对我给您介绍的这套方案也不是很感兴趣，不知是我哪里的介绍不符合您的期待，您可以和我说说吗？”这其实是用一种很坦诚的方式，把客户给销售的压力分散一部分到客户自己身上，验证他的真实态度。有时候，当你把一部分压力传递给对方后，对方就会说出他之前没有透露的一些信息。他可能会说：“其实我们已经在和另一家做这个业务的公司接触了，我觉得他们不错，可能更适合我们……”这样你就知道了问题所在，有了进一步寻找机会的可能。而如果你不这么问，他可能就会始终用冷淡的态度来面对你，让你不知道下一步该怎么办。

其次，你可以让客户了解一些你的个人情况。

销售的核心要素之一在于信任，所以与客户初次见面时，除了确认对方的需求、展示品牌和产品的价值外，还有一项任务也特别重要——逐步建立起你和客户之间的信任，而信任取决于你和客户之间的了解程度。

一个人的信息可以分为公开的和隐私的两部分。关于公开信息，新人一方面可以采取递简历的方式去呈现，这一点前文[1]已经提过；另一方面，可以在谈话中有意识地找机会透

1. 参见第二章“销售要有哪些工作意识”。

露一些半隐私的信息，比如自己为什么要做销售，在大学时从事过哪些社团活动等。你抛出这些信息，其实也是在邀请对方抛出自己的相关信息，这不仅能使你们的谈话轻松自然，也可以让彼此进一步了解，有助于建立信任。

有些人觉得销售天生就有亲和力，比如有的女性销售总是能成为别人的闺蜜，而一些男性销售总是能快速和别人称兄道弟。的确，有些人天生善于结交朋友，但对于更多的销售来说，亲和力是设计、准备出来的。

在给销售做培训时，我们会请大家列一个可以向客户公开的半隐私信息清单，然后练习把这些信息自然地讲出来，比如遇到过的坎坷，应聘时的遭遇，被父母训斥的事情，甚至是一次恋爱经历等，这些貌似闲聊的内容，会塑造销售在客户心目中的形象。也就是说，在和客户闲聊时，销售不能随口就聊，不能现想自己有什么可说的，而是要有所准备。当然，一个重要的前提是，这些经历必须是真实的。

比如，我经常会和客户提起自己刚做销售时，冬天在屋子外面站一天搞促销，最后达成业绩的经历；或者见客户被拒之门外，一等就是几个小时，但最后帮客户解决了切实困难的经历。我会讲很多自己在职业方面遭遇挫折、战胜挫折的真实经历，以此向客户传达一个信息——“我是一个不怕困难，能够坚持的长期主义者”。

总之，新人刚刚开始拜访客户时，缺乏技巧，对行业和产品的认知都刚刚起步，身上最好用的武器就是真诚，而真诚也要基于充分的准备。

沟通：善于提问是把握机会的关键

· 崔相年

我们的培训课程中有这样一个案例。北方的某个教育局要求它分管的学校集体采购多媒体教学设备。一开始，教育局准备进行公开招标，工作人员 A 负责和几个厂家的销售联系，让他们准备投标文件，在要求的时间内提交，参与竞标。

一般的销售会按照要求着手准备，但有一家厂商的销售 B 在了解了基本要求后，多问了一句："您真的很专业、很懂行啊，除了声卡、显卡和网卡，对很多配置的型号都做了要求，咱们以前也是通过招标的方式来做吗？"工作人员 A 就说："我们其实过往都不做招标的，这次是教育局单独下发文件要求我们招标。"销售 B 一听，原来对方并不是真的想招标，只是为了配合上级部门。于是他接着说："是呀，我们给很多地区装配过新媒体教室，确实招标的方式比较少见……"这时候 A 就开始关心其他学校对配置都有什么要求，销售 B

就开始介绍自己公司在其他学校的经验。就这样聊下去，B很快成功约见了A，并邀请A参观了自己公司的新媒体教室样板间。最后，这个项目没有经过招标，教育局就直接和B签约了。至于之前那份要求招标的文件，教育局写了个说明就过去了。

有时候客户表面上的要求并非他的真实想法，销售要善于提出问题，了解背后的原因。这一点十分重要，有时甚至会帮你扭转不利局面。

我把销售过程中的不利局面分成两种，一种是产品或者方案自身的劣势，这是身为销售难以左右的；一种是客户主观认为你存在的劣势。

对于客观存在的、可能会给整个销售进程带来障碍的明显劣势，我会在客户注意到之前，用提问的方式主动讲出来。

比如，在对一个客户的跟进中，从开始拜访、确认需求、提报方案到报价，一直非常顺利，顺利得我甚至开始感到不安。客户似乎没有注意到某一个问题，而这个问题是其他客户普遍十分介意的，并且会成为谈判的关键点。经验告诉我，进展越顺利的单子，到最后可能越不顺利，甚至会突然折单。

遇到这种情况，我会主动问客户："一般来说，我和客户谈到这个阶段的时候，大家都会有这样几个问题……不知道您是否也有类似的疑问？”客户可能会说没有。我会接着说：“我给您举一个例子，他们会关心这一块……我们的产品对此是这样去解决和实现的，可能会跟其他品牌的产品不同，不知道您对此有没有担心？”

这时候，客户可能会有很多种反应。一种客户可能会说：“你们是这样的呀，我觉得问题应该也不大。”另一种也许会说：“这个问题我还真没考虑过，我得去找相关部门问一下。”还有的客户会说：“其实其他品牌的销售已经提醒过我了，我还没来得及问你。”不管客户如何回答，你都会知道客户的真实态度是不在乎，还是有什么别的期待，也就清楚下一步该怎么办了。

如果客户确实比较在意这个点，那你不能也把注意力停留在这个点上，使劲辩解，而是要跳出这个点，站在更宏观的视角，帮他把问题拆解开来。比如我可能会说：“您的诉求是达成整体业务的数字化转型，这个问题虽然确实存在，但只是项目的因素之一，除此之外还有安全性、易用性等因素……”我会把客户的视角拉回整体项目的系统上来，而不是纠结在那一个点上。

这样做，既可以表现出我的坦诚，也可以及时跨过障碍，成单的概率很大。但如果不问客户是否在意这个问题，客户有一天突然自己知道了，或者发现我确实想隐瞒，就很难有机会成单了。

对于客户主观认为你存在的劣势，你更要去提问，了解这种偏见背后的原因。

如果客户对你的产品有什么偏见，那多半是其他企业的销售捷足先登，提前在客户那里树立了标准。每家企业因为各自优势不同，强调的价值观和产品标准是不一样的，比如有的公司强调易用性，有的公司强调服务。如果客户已经认同其他品牌的标准，准备下单了，这时候你应该如何做呢？

你首先应该想好策略，是要做一个搅局的人，还是去争取整个项目中的一部分。

举个例子。几年前，因为我的团队中一个销售跟得不是特别紧，一个老客户接触到了其他供应商，决定不再和我们续签，要买别家的产品。这个销售向我求助，我了解之后发现，客户的采购部、CEO，以及董事长，都已经见过这家新的供应商，几个董事也很认可，这个单子确实要被我们跟丢了。因为这个单子最早是我谈下来的，所以我还是试着约了客户的CTO（首席技术官）李总一起吃饭，想了解一下我们到底输在了哪里，看看还有没有机会。

李总同意赴约，但他明确表示，你们不懂我们现在的业务，咱们这次不用聊太多，事情已经差不多定了，你们没什么机会了，咱们来日方长。对此，我先承认确实是我们跟进得不够，没有及时了解需求，服务不到位，表现出诚恳的态度，接着问："当初我跟您直接就签约了，但这次董事长和几位董事也都参与了，是什么原因要惊动那么多高层？"他跟我说："这件事我们耽误不起，我们面临业务上的重组，必须做信息化改造，而且只能成功，绝对不能失败。"

听到这一点，我觉得机会来了。我和他回顾了我们这一路走来的"战友之情"，遇到过什么样的困难，如何一点一点克服了，又说："既然咱们不容有一点失误和风险，那么，采用一个新的供应商，并且把所有鸡蛋装在这一个新篮子里，能保证后续不出问题吗？从您的角度出发，高层那么重视，那您就不能出一点闪失，您看有没有什么是我能帮您一起分担的？"他想了想说："你要是这么说的话，也不是完全没有可能，但那是以后的事了，这次估计够呛。"

我说："我不奢望咱们推翻现在的方案，我们最终的目的不是把这个单子给我们，而是站在您的角度，让这件事尽可能没有风险，最终一定能成。您看能不能这样，我不做总的，我做部分，您毕竟是第一次跟他们合作，我们一起来分担这些风险。过去这几年，我们在有些方面一直受到您的认可，还是有优势的。虽然这只是项目中很小的一部分，但我们愿意一起来分担您的风险。"这个时候，我明显感到他动心了，他想了想说:“也不是完全不行。”

后来，这个单子果然有了转机，我们拿到了项目中的一部分，虽然金额不大，但这个客户总算没有丢，日后我们继续跟进服务，就有可能扭转局面，扩大战果。

所以，处于劣势时，你要深挖项目背后的深层原因，并通过提问的方式让客户发现他内心真正焦虑的问题，联想这个问题可能会对项目产生的严重影响。这时候，你就可以寻找机会表示愿意帮他一起解决问题、分担压力，从而达到自己想要的结果。

销售的工作内容之一是向客户介绍产品或者方案，但在有的公司，这个环节会由售前工程师或者产品顾问来做，他们更加了解产品的技术背景和内在逻辑，介绍起产品来也更加专业。你可能会问，都有专职的产品顾问来介绍产品了，还要销售干吗？其实，销售在一个项目中最重要的价值不是介绍产品，而是不断推进客户去行动。

如何持续跟进客户

认知：销售的价值是推进客户行动

· 崔相年

针对复杂产品或者解决方案，公司往往会派一个产品顾问配合销售打单。产品顾问一般都是工程师或者产品研发出身，对产品的理解程度往往比销售更深。很多时候，客户认为产品顾问更专业，更愿意跟产品顾问聊，甚至会直接加他们的微信，避开销售。

销售新人面对这种局面，很容易找不到存在感，不知道自己该做什么。之所以会这样，是因为销售没搞清楚自己的职责所在。**销售的天然职责不是去给客户讲解产品，也不是一个劲追着客户买单，而是想方设法推进客户去行动。**

比如你去陌拜一个公司，前台直接把你引到了采购部，采购部人员知道你的身份后，简单说了一句“你给我发个产品手册和报价吧”，你就按照要求老老实实发了过去，等着客户给你回复。但根据我的经验，这种情况下，90% 的客户不会回复，也一定成不了单。

什么叫“推进”？就是推动客户从这一步走到下一步，一步上一个台阶的过程。在这个过程中，客户能不断地看到你对他的价值，心甘情愿地主动往前走，而不是只有你自己在行动。

要做到这一点，你必须深度理解客户，站在他的角度去思考问题。但怎样才能推进客户去行动呢？我认为要做好七方面准备。

第一，识别变化。客户为什么会考虑购买这类产品？是经济环境变化、政策变化、消费者购买习惯变化，还是正在使用的产品无法满足需求？在跟进一个客户前，销售首先要了解客户的经营现状和环境现状，识别出是什么变化促使客户产生了这一次的购买需求。

第二，明确客户的购买目标是什么。客户这次购买要达成的愿景是什么，是实现业务转型，还是提升现有产能？要清楚客户的真正目的。

第三，判断竞争形势。这个项目有多少家竞争对手？我现在处于劣势、优势，还是和竞争对手旗鼓相当？同时，客户这次购买的紧迫程度怎么样？他是着急，还是不着急？这两方面构成了竞争的态势，你要综合判断自己在竞争中处于哪个位置。

第四，识别关键人。产品实际使用部门（UB）是谁？技术把关者（TB）是谁？最后拍板的人（EB）是采购部负责人还是CEO？在此基础上，你还要进一步知道他们每个人在这个项目中的态度和动机，比如他为什么要见你？他想要什么？等等。

一般来说，关键人想要了解产品，出于四个原因（参见图2–5）：第一，业务提升；第二，遇到痛点，亟须改变和解决，让业务回到正轨；第三，这件事对他影响不大，属于老板交代的任务；第四，他对这个项目根本不在乎，认为这是小儿科，根本没用，只是为了应付差事来随便问一问。

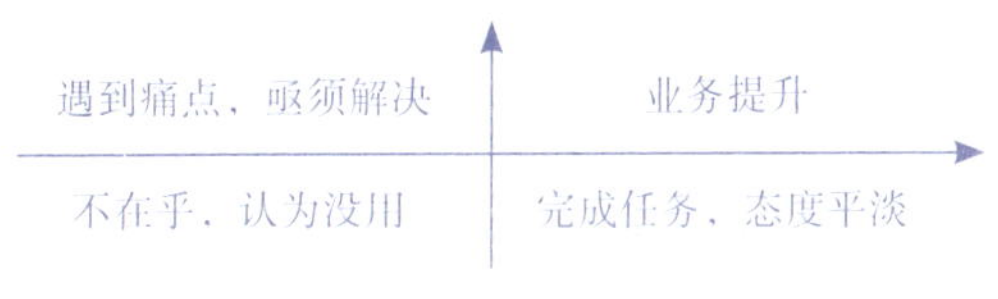

图2–5　关键人了解产品的原因分类

销售当然希望关键人属于前两种情况，但现实往往并非如此。那么，销售就要想办法把后两种原因转化为前两种。至于具体要进行哪一种转化，销售要有意识地识别。

第五，做策略规划。UB、TB、EB三类角色，就像三根支柱一样撑起了整个项目，少了哪个角色的支持都不行。你忽略了谁，谁就有可能在某个关键点跳出来，形成阻碍。所以，针对这三类角色，你要制定相应的跟进策略。先跟谁聊，后跟谁聊，应该在哪个阶段重点对谁进行攻坚，要有一个清晰的步骤安排。

其中比较特殊的角色是TB，比如采购部的人，他们会挑选入门供应商，制定技术标准，对项目进行专业把关，评估具体的解决方案。虽然不能决定谁最终获胜，但他们能决定让谁参加比赛，拥有一票否决权。所以，这个角色你一定要跟进，不能忽略。

另外，不要指望UB去帮你搞定TB，也不要指望TB去说服EB，他们一般只会发表各自角色定位上的意见，不会越界，否则是要承担责任的。所以，凡事都得销售自己去操心、去跟进。

第六，你要在客户内部获得更多人的支持。不论是项目经理、市场调研人员，还是财务，你都要有一定的资源安排，对在不同的阶段要获得谁的支持了然于心。

识别关键人是谁，获得其他重要人物的支持，都要以掌握大量、翔实的客户内部信息为基础。这些人在意什么？和他们谈项目时，哪些话不能说，哪些话要多说？现阶段不要提什么问题？今天他心情好不好？下周他在不在公司？这个部门和那个部门之间有哪些敏感问题一定要绕开？这些信息不是什么公司机密，但对你推进项目来说非常关键，而“线人”的作用就是为你提供这些信息。

所谓“线人”，一定不是前台、门卫、保安这些人，而是掌握公司高层动态的人，甚至有可能就是TB、UB、EB中的某一个人。你和他之间的关系不是你能一时满足他的什么诉求，而是和他保持长期的友好关系。你知道他在公司的长久利益是什么，他信任你，认为你不会对公司不利，也会为他着想，因而真心地希望你能赢。建立这种关系的前提，是行业中有很多能帮你的人，他们能够协助你与更多人建立联结。

第七，制定行动计划。结合三类关键人和其他支持者，以及竞争态势、所处的位置等一系列情况，你要制定总体的行动计划，并给每一个步骤设置目标。

在正式展开攻势前，你要做好充足的准备。七个步骤都做到位了，你才有可能真正推动一个项目。只有知道了谁是这个项目的最终决策人，以及他对这件事的态度是什么、最在乎的点在哪里，你才有可能找到说服他的角度，让他主动思考这件事对公司的意义。优秀的销售，可以推动客户去做对自己有利的事，而客户也愿意这么去做。

ToB业务是一个比较复杂的系统工程，每一步都不能打无准备之仗，要做到有备而来。任何一步没做到位，都有可能在某个节点突然翻盘，前功尽弃。

视角：换位思考可以事半功倍

· 张磊

在一个项目中，能影响最终结果的角色往往很多，除了采购部，可能还会有财务、技术总监等。比如一个公司要购买服务器，需要技术团队确认，采购部才能去下订单。所以，在获得采购部支持的同时，你也要争取其他部门关键人的认可。

我有一个策略，屡试不爽，那就是帮助采购部的人简化工作。

比如，采购人员肯定需要你提供报价函，你和他之间已经沟通过多次，他对其中的每个部分都十分熟悉，知道每个分项是怎么组成的，以及每个数字的来龙去脉，所以你最终给他的报价函可能比较简单，一目了然。但你要考虑到，这份报价函是要拿给他的老板去审批的，老板能看懂吗？如果老板看一眼就签了还好，万一老板想要了解其中的细节，知道每一笔钱到底是怎么花的，却看到这么简陋的报价函，没有分项说明，没有附件，他多半会把采购部的人骂一顿，打回去让他重新补充信息，采购人员的工作难度一下子就增加了。同时，老板可能会想，采购部找了一个什么供应商，这么不专业，写报价都不认真。

所以，在提交关键文件，尤其是那些客户会相互流转的文件时，一定要非常专业细致。**你要多想一步，多做一步，帮助所有对接人简化工作，减少他们和其他部门沟通时可能遇到的困难。**在报价函中，一定要加上分项报价，不能说一台设备一千万元，就报一千万元，而是写清楚主体设备多少钱，配套的关键设备多少钱，以及工时费、安装费、调试专家费多少钱等，尽可能详细。这样，采购部把报价函拿给老板时，就省去了很多解释工作，老板一看就明白一千万元的成本分布是怎样的。客户各部门和老板会因此认为你是一个专业的人，你的胜算就会增加。

以上要点主要针对的是ToB销售跟进大客户。对于ToC销售来说，客户是个人消费者，是家庭，并不存在如此复杂的决策链条。但麻雀虽小，五脏俱全，C端的消费者在购买商品时，也存在动机、愿景、竞品比较、自己能不能做主等一系列问题。所以，不论是ToB业务还是ToC业务，销售只有详尽掌握目标客户的相关情况，才能采取适当的策略，真正为他解决问题，满足他的需求。

差异：不同客户要用不同的跟进方法

· 穆熙双

在汽车销售中，销售顾问经过与客户初步面谈，可以快速判断出对方是有明确的购买意向，还是在徘徊和犹豫中。针对不同的客户，销售会采取不同的跟进方法。通常，我们把这些潜在客户按照一些硬性指标区分为 H、A、B、C 四个类别。

这些硬性指标包括：

第一，客户是否有明确的想要购买的车型，如果客户说我就想要 A6，这还不算明确车型，A6 2.0 的标配或者 A6 的时尚动感款，才叫明确车型；

第二，客户对购买车辆的颜色是否有明确需求；

第三，客户是否有明确的预计购买时间，是近期还是一两年内；

第四，客户是否有明确的购买方式。

如果这四个指标客户都明确告知了，那么这个客户就是 H 类客户，也是最高级别的客户。按照品牌要求，H 类客户进店后，要每三天做一次跟进，不管是电话还是微信，要及时与客户沟通，尽快转化为订单。即使不成单，也要继续每三天跟进一次，直到客户说已经考虑其他品牌或者在其他店购买了。

A 类客户有购买意向，但四个指标中有一项还不是特别明确。比如客户虽然确定买我们品牌的车，但没想好具体车型，或者没决定用什么方式购买。只要有一项不确定，就属于 A 类，因为他还在比较当中。

汽车销售已经有一百多年的历史，根据长期以来对客户购买行为的追踪和调研分析，我们把客户的购买行为分为五个阶段。

第一个阶段，客户只是有想买车或换车的想法，但并不知道自己到底想买什么样的车，所以进店来随便看看，听听销售顾问怎么说；

第二个阶段，通过销售顾问的介绍或者网上搜索，他对两个品牌的车比较中意，开始收集资料进行反复对比；

第三个阶段，他再次开始逛汽车线下店，但目标聚焦在比较中意的两个品牌上，经过对比，他选定了其中一个品牌；

第四个阶段，确定品牌后，他开始逛这个品牌的不同店铺，看看哪家的价格合适，哪家送的东西多，货比三家；

第五个阶段，在考虑了价格、服务、对销售顾问的感受、距离远近等因素后，客户最终选择一家店成交。

从有意向到成交，绝大部分客户在购买汽车时都要经历这五个阶段。

A 类客户一般处于第四个阶段，虽然有比较明确的购买意向，但他还做不到立刻下单，处于犹豫与纠结的状态。所以，销售要做的就是尽力打消他的顾虑，做到每七天跟进一次。跟进的方法有很多，不要每次都很机械地问："您现在还有意向购买吗？还在关注我们品牌吗？"这样只会招致客户的反感。销售顾问的每次跟进都要尽可能提供给客户不同的信息，比如你可以告诉客户店里马上要举行的一些优惠活动，讲一下新的政策，以及库存情况、提车情况等，不断释放出有吸引力的信号。

B 类客户至少有两项不确定因素，可能是车型和颜色，也可能是购车时间和购车方式。比如客户在展厅看完车后，对车型、颜色和购买时间比较确定，但之后销售跟进时，他却突然说还没想好是用老车折旧还是直接买新车，这就是购买方式不确定。这类客户的变数相对比较大，不太可控，我们一般会一个月跟进一次。

C 类客户至少有三项不确定因素，如果销售顾问的潜在客户少，可能还会跟一跟；如果潜在客户数量比较多，可能就不跟进了，而是把这个客户的信息交给客服或者电话外呼团队。如果电话销售经过沟通，发现他还是有购买需求，会再次把他筛出来，让销售顾问再把这条线索激活。

把客户进行分类后，销售顾问在跟进时就会有比较明确的方向，不会把时间过多地浪费在意向低的客户身上。比如我们现在每个销售顾问每个月最少要卖出 8 台车，假如你是展厅销售顾问，展厅的平均成交率一般在 25%，按照公司统计的成交率倒推，你就可以推算出，一个月至少要接待 32 个客户才能完成目标。但这个数字可能会上下浮动，那些随便看看、来遛弯的客户也混在其中。按照我们店的经验，你可以在此基础上乘以 1.5，得到的数字就是你要在展厅接待的客户数量，48 个。

H、A、B、C 的分类方法可以帮助销售顾问判断在接待的客户中，有哪些可以重点关注，有哪些可以先放一放。同时，把客户分类经营也有助于新人成长。比如一个新人这个月没有成交，我们可以运用这套逻辑来倒推他在哪一步出了问题，是接待量不够，还是对客户判断不准确，而不是笼统地说“他能力不够，还需要努力”。

在持续跟进客户的过程中，你很有可能无奈地发现，自家产品其实并不能解决客户的痛点。其实，在市场竞争日益激烈的情况下，产品高度同质化，很少有哪一款产品会占据绝对优势。所以，不要抱怨自家产品不够好，在没有明显优势的情况下，你照样可以打动客户，赢得机会。

如何为客户提供差异化价值

策略：运用差异化价值扭转局面

· 张磊

作为 ToB 销售人员，我们总是既幸福又无奈。幸福的是，每一次成交，都像打了一次胜仗。这种即时的成就感，是从事其他工作很难体会到的。无奈的是，很多事不在我们的控制范围内。比如，你所在的公司是一家初创企业或者小企业，产品在市场上没有品牌影响力，也没有技术和渠道优势。这时候你拿着产品去跟龙头企业血拼，就显得很吃亏。

遇到这种情况，应该如何破解呢？我的方法是主动创造差异化价值。

差不多 10 年前，我是一家贸易公司的销售，售卖的主要产品是一款导热油。当时有一家化工企业公开招标，要采购导热油，预算三百多万元。我同时面临十多个竞争对手，有的靠品牌影响力，有的把价格压得很低，有的不断从客户内部找关系……但无论哪种情况，给客户的感受都不会太好。

主打品牌影响力的企业，一般姿态很高，比如价格上不妥协，条款上也更苛刻，很多客户经常对此很不爽。

压低价格的企业，可能会让客户对产品质量不放心。在行业越来越透明的情况下，价格压得过低，可能意味着某些地方偷工减料，至少客户会产生这种怀疑。就算客户贪图便宜，乐于接受低价，从销售端来说，这也不是一个好的销售策略。

至于找关系的企业，一般也不会收到客户的太多好感。很多业务员以为，抢单或者维护客户就是请客、送礼这些事，客户跟谁关系好，就跟谁做生意。如果这么简单粗暴地理解销售这个角色，就太片面了。当然，在以“人情社会”为底色的中国，联络感情、吃饭聊天是必不可少的，但这仅仅是一个基础性动作，只是一单生意的敲门砖而已。

怎么才能既保证企业利润，又能扛过大品牌的竞争呢？你必须回到商业的本质来看待销售这件事：**获得客户，并且持续获得客户的根本原因是，你能为客户的问题提供更好的解决方案。**什么是“更好的解决方案”呢？就是提供差异化价值。

左思右想，我决定先不卖导热油了，而是向客户推荐一款化工管道清洗剂，售价只有两万元。这是一款专门针对导热油油泥的清洗剂，导热油以两三百度的高温在化工管道里长期运行，会逐渐分解产生油泥，附着在管道内壁上，导致导热效率降低，企业的电费、天然气成本增加。时间一长，一年就会多出几十万元的开销。而这款清洗剂恰好能溶解这些分解物，使用清洗剂，等于提前花小钱，预防了后面的大问题。其实，这个产品不只我们一家有，但因为利润太低，那些竞品企业大多处于消极的推销状态。

光有这个思路还不行，还得找对人。清洗剂确实能把系统中的污垢洗出来，但设备的使用部门其实并不在意这件事，污垢堆积多了，无非是电费、天然气成本提高，但多出来的开销是老板的事。于是，我直接找到这家化工企业的老板，跟他说："一下子投入几百万元，购买一个新品牌的导热油，您确实会不太放心，但我可以先用一个两万元的清洗剂帮您洗一下管道，您看看里面有多少污垢，检验一下干净的管道是不是会让导热的效率提高，降低天然气成本。"老板一听，花两万元能做这么大事，几乎没有犹豫就决定购买了。

成交后，我们专门派人给客户的管道做清洗，两天后，我们把清洗出来的油泥收集起来给客户看，效果一目了然。这时，客户对我们的态度彻底转变了："你们企业挺靠谱啊，产品确实有效，还有很好的后续服务，最关键的是，确实没让我多花钱。"

销售工作的难点就在于跟客户建立信任关系，在信任关系建立起来之前，让客户一下子拿出几百万甚至上千万、上亿元来买你的产品是非常困难的。这时候，你可以采取差异化思路，先通过一个小成本的订单和优质的服务，让客户看见你的产品效果，以及你的诚意。

通过两万元的小订单，让客户对我产生信任，之后的事情就简单了。我告诉客户，管道之所以产生这么多油泥，跟导热油变质有关，同时请我们公司的技术团队给客户免费做了几种导热油的样本检测，用数据说话。经过对比，产品好坏一目了然，最后客户与我签下几百万元的订单就没有悬念了。你可能会认为，起决定作用的还是样本检测，而不是那单两万元的小生意。但是，如果我没做这两万元的小生意，客户根本不会给我做样本检测的机会，更不会相信我说的话。后来，这个客户成了我们公司的长期客户。

差异化价值不仅能帮助你在竞争中抓住一些小的突破口，还能帮你激发客户需求，签下一些看上去本不可能成交的订单。

我之前还卖过一款叫切削油[1]的产品。有一次，我找到了一家需要长期使用切削油的企业，可对方采购部的答复很直接："我们现在的产品用了很多年，物美价廉，用得也挺好，

1. 切削油专门用在切割金属的机器上，功能是把切削金属时产生的热量带走，同时起到润滑作用，延缓切割的刀具产生磨损。

我们不会换的，请回吧。”后来我了解到，他们用的产品价格确实很低，而我们的价格至少高了30%。这种情况太常见了，对工业辅助性产品来说，价格优势很重要，几乎不可撼动，因为它不是主材料，不直接影响产品的品质，客户往往就会图便宜。

不过，我通过其他渠道了解到，客户当时用的切削油有一个比较严重的问题——伤手。工人在操作时都是直接用手接触的，长期下来，皮肤灼伤很严重。可这些痛苦，采购部的工作人员是不了解，甚至是不关心的，他们只关注价格和成本。

于是，我放弃跟采购部的谈判，带上几个业务员跟我一起，每天下班就跑到这家工厂门口等工人下班，碰到工人就上去聊天。我问：“你们的手怎么都脱皮了呢？”不问还好，一问才发现这些一线工人简直抱怨连天，说都是每天摸切削油腐蚀的。没过几天，我在工厂门口碰到了一个车间的班组长，他也抱怨说：“现在用的东西对手的伤害很大，就因为这个，很多人都离职了，我的管理工作真的是很难做啊！”我说：“好的切削油，导热性、润滑性、对皮肤的友好性这几个方面都很重要。便宜的产品只追求性价比，没有考虑到对人体的伤害。我们公司的这款切削油对皮肤是完全无害的，成本稍微高点，但是安全耐用。你可以帮我在内部推一推这个产品，对你们一线工人的健康有好处，至少以后因为伤手而离职的工人会少很多。”为了进一步说明我们产品的优势，我还专门带了几个样品过去，给他做对比。他马上感受到了我们产品的好处。

后来，这个班组长就在内部的生产会上一次次反映工人们对切削油的抱怨，反映一线工人的流失率变高在很大程度上跟切削油有关。经过几次讨论，公司渐渐意识到这个问题的严重性，也觉得为了节省那点成本，导致管理成本增加，确实得不偿失，最终决定采购我们的产品。

这两个案例虽然看上去很不一样，其实都是通过差异化的产品特性，让客户逐步意识到竞品的劣势，发现我们产品的优势，从而赢得客户。

方法：发现差异化价值并非巧合

· 张磊

看过前文的两个案例，你可能会有些疑惑。在导热油的竞争中，我给客户清洗完管道后，又给客户做了几家导热油的样本测试，高温后产生油泥的情况确实是竞品比较严重，而我们的产品比较占优；切削油也恰好是竞品伤手，我们的产品不伤手。你可能会问，为什么竞品的劣势刚好是你们的优势呢？这种差异化价值也太凑巧了吧？

在我看来，这根本不是巧合。**差异化价值的本质，就是找到竞品的劣势，同时找到自己的产品相对应的优势，然后用自己的优势去覆盖竞品的劣势。**差异化价值包括产品本身的性能、功能，也包括赠品、售后服务、定期的产品检测和质保，还包括财务、法务条款等，是立体化的。只要你用心去找，一定能找到产品的差异化价值。

寻找差异化价值的过程包含几个关键要素。

首先，你要对自己的公司和所售卖的产品了如指掌。

在产品性能方面，你不能只记住几个核心卖点。比如我售卖的这款切削油，主要特点涉及散热度、润滑度、耐磨性等技术性指标，而气味、不伤皮肤只是它的辅助特点，并不是产品的核心竞争力。于是很多销售就只抓核心卖点，一直跟客户说，我们这款切削油散热度好，切割时润滑效果好，不留毛刺，等等。这些技术层面的因素恰恰是比较难让客户信服的：都是同类产品，性能会有多大差异呢？

有时候，光提产品的核心价值点是达不到目的的。你要熟记产品的所有特点，针对客户的不同情况，思考到底哪个点会成为突破口。这一切都要依靠你平时所做的功课和积累。如果没有这些积累，找不到合适的突破口，那么，同样到工厂门口去等工人，你可能只会问他们，“这个东西切金属切得到底怎么样，有没有毛刺？”根本不会把话题往“伤手”这个方向去引导。

与此同时，你不能只盯着技术性能和功能，还要对自己的公司能提供的服务、能给到的优惠政策和其他附加价值了如指掌。

比如，一家做太阳能热水器的公司要开发新的经销商。客户可能会问，太阳能热水器有那么多品牌，你的优势在哪里呢？这时候，你可以说你们公司每年都会举办一次大规模的全国性经销商论坛，在论坛上，经销商们可以分享、交流自己拥有的比较前沿的行业经验，获取更多商机，这也是一种附加价值。

再如，像办公文具这样的简单产品，同质化自然很严重，价格也差不了多少，有什么差异化价值呢？

简单产品本身的差异的确很小，那你能不能从服务方面入手呢？比如，签字笔、订书机等用坏了，不要扔，我能以一定的价格回收。这件事虽小，但在老板眼里，就是行政部在为公司节省成本。也许省不了多少钱，但这是你的产品的优势之一。另外，客户一般会要求我们先开票，他们再付款，那我可以做到开票后额外再给客户两个月账期。你可以尝试找找这样的攻破点，只要竞品做不到，你能做到就可以。最终，也许就是一个很小的点，影响了客户的决策。

其次，你要去了解竞品，包括客户现在使用的产品，搞清楚它们的产品和服务模式是怎样的，可能会给客户带来怎样的困扰，然后再看看能不能制定一个差异化策略，打动客户。

这中间其实暗含着一系列复杂动作，需要你付出非常多的努力。产品和市场调研这些案头工作是比较基础的必做动作。但这还远远不够，比如竞品的服务情况，你必须去实地了解。但了解竞品的服务情况，就涉及你如何与客户公司的相关职员，甚至竞品公司职员沟通、相处。

最后，差异化价值只针对特定的关键决策人，而不是针对客户公司的所有人。比如前文讲的导热油清洗剂，把管道清洗干净、节省成本的价值只针对老板，实际使用人其实不在意；而在切削油的案例中，切削油不伤手只对车间工人有价值，采购人员实际上对此无感。所以，找对关键决策人，也是利用差异化价值赢得竞争的核心。

寻找差异化价值，是一个扎扎实实进行全方位调研、做足功课的过程，也是一个打开脑洞、考验销售业务操盘灵活度的过程。

哥伦布发现美洲后，许多人都认为他只不过是凑巧，其他任何人只要有他的运气，都可以做到。于是，在一个盛大的宴会上，一位贵族向他发难道："哥伦布先生，我们谁都知道，美洲就在那儿，你不过是凑巧先上去了。如果是我们去，也会发现的。"面对责难，哥伦布拿起桌上的一个鸡蛋，说："诸位先生女士们，请问你们谁能把鸡蛋立在桌子上？"大家跃跃欲试，却一个个败下阵来。哥伦布微微一笑，拿起鸡蛋，在桌上轻轻一磕，就把鸡蛋立在那儿了。他说："是的，就这么简单。发现美洲确实不难，就像立起这个鸡蛋一样容易。但是，诸位，在我立起它之前，你们又有谁做到了呢？"

同样，在竞争中发现产品的差异化价值，并运用它赢得客户，这看似巧合，其实要基于销售充分的思考和准备。

销售经常会对自己的公司以及售卖的产品有各种抱怨，认为自己业绩上不去是因为公司研发和生产能力不够，导致产品类型不多、功能不全、价格太高，等等。其实，不管服务于哪家公司，你都不可能遇到完美的产品，抱怨只会让你越来越消极，能力却无法增长。只有做足功课，找到产品的差异化价值以及相应的销售策略，你才能赢得机会。

那么，找到产品的差异化价值后，又该如何向客户呈现呢？

为什么要充分调动客户的感性认识

· 穆熙双

我们品牌的销售顾问在接待客户时，都会手拿一个 iPad，里面有关于产品的各种信息，用来给客户展示。同时，它还有另一个作用，就是把销售顾问和客户的对话全部录音，用来抽查在接待客户的过程中，销售顾问是否按规定把所有要求问的问题都问到了，比如询问客户的购车方式，介绍二手车置换政策，等等。

在所有的检查要点中，品牌方最重视的就是销售顾问有没有邀请客户试驾。所有进店客户但凡没有试驾的，销售经理都必须找到当时的录音，核实原因，是客户拒绝试驾，还是销售顾问没有邀请客户试驾。如果是没有邀请，这就会算作销售顾问的一次工作失误。

为了促使经销商提高试驾率，品牌方还为经销商配备了试驾专用车辆。试驾车的购车费用品牌方会让利 35%，剩下的由经销商承担，包括 65% 的购车费用和日常保养费用。品牌方每个月还会针对试驾车进行一定的补贴。

经销商必须按要求为每辆试驾车建立档案，严格记录每天的试驾情况。品牌方会给客户打回访电话，询问试驾的时间和车型，以及试驾感受。如果在这个过程中发现经销商作假，那么下个月，试驾专用车的补贴就会取消。

为什么品牌方这么重视试驾率？我认为最主要的原因是，展厅里的车都是静态的，即使销售顾问能够很好地把握客户需求，对车的讲解十分精彩，客户对车仍然没有直接的感性认识。只有开出去，真实地坐在车里，在听觉、视觉、触觉，以及动力、稳定性、加速等方面有了真实的体感后，客户才有可能真正喜欢上这个品牌的汽车，从“我需要一辆车”转变为“我需要这辆车”，并最终产生购买行为。

提升试驾率是提升成交率的关键因素。所以，除了紧抓展厅的试驾情况，品牌方还会定期举办全系车型的大型试驾活动，邀请潜在客户在专业教练的指导下体验驾驶。曾经有一个客户，在活动现场订购了一辆高性能车，签约后没有立刻离开，而是来到赛道体验区，开着同款车在赛道上跑了一圈，内心被彻底震撼，惊呼原来这车一上赛道这么厉害，当场又买了一辆同款。这就是真实感受的力量。

有一次，我在展厅里遇到了一位老年夫妇，那位老先生刚刚退休，想把家里那辆开了十多年的轿车换成SUV，带着老伴去全国各地旅行。所以，他俩从进入展厅的那一刻起就在看 SUV。在和他们交谈的过程中，我发现这位老先生很在意车辆是不是四轮驱动，而他的老伴很在意乘坐的舒适感，认为四轮驱动的 SUV 不如轿车坐着舒服。所以试了两款车后，他俩一时难以拿定主意。这时候他老伴说，自己还是更喜欢另一个品牌的中控屏。为了同时满足夫妇俩的需求，我便向他们推荐了我们品牌最引以为傲的四轮驱动轿车。

过去，只有越野车或者部分 SUV 会采用四轮驱动，我们品牌的研发能力很强，首次把这项技术运用于轿车。正常轿车，不管是前轮驱动还是后轮驱动，底盘是放不下四驱这么大的传动轴的。但经过我们的改良，四驱这么大的装置被放到了轿车身上。这项设计既让轿车拥有了更好的性能，也让喜爱四驱的客户能够获得更舒适的乘坐感受，最终使我们品牌获奖无数。

我大力向他们推荐四轮驱动轿车，但他们是奔着 SUV 来的，一时半会还难以把思路扭转过来，再加上这款车当时刚刚上市，一点儿优惠都没有，所以老两口想转身离开。我赶紧邀请他们试驾，和我一起开一圈试试。

这款车安装了丹麦顶级音响品牌 B&O，环绕声效特别好。上车后，我开始播放专用试音盘，当车速达到城市的正常行驶速度——每小时 64 公里时，我把车窗玻璃降下来，外面的噪音顿时充斥车厢，然后我再把车窗玻璃升上去，美妙的音乐立刻回到身边，音质纯净，听不到一丁点外面的噪音。我明显感到，这让人震撼的效果立刻俘获了老两口的心。

试驾最重要的环节是让老两口感受四驱轿车的特点。我们店附近有一座立交桥，它的弯道比较急。老先生有多年开车经验，知道如果按照过去开前轮驱动轿车的开法，拐弯速度大约只能开到每小时 40 公里，如果不踩刹车，这个弯是过不去的。我告诉他，这辆车可以开每小时 60 ～80 公里过弯，他有点儿不敢相信。于是，换我来驾驶，演示给他看。我先把车开到每小时 80 公里，然后踩刹车到每小时 60 公里，车身平稳拐过了弯道。老先生说，用这么快的速度拐弯，坐在车上确实不会有任何反应。我告诉他，因为这辆车使用了我们的另一项专利技术，根据行驶的速度和拐弯的角度，车辆可以自动平衡转弯时内外轮胎的速度差，让车身在转弯时特别平稳。

事实上，四驱车辆的性能再好，客户在展厅里观看，甚至在普通路面上驾驶都是感受不到的。我可以把四驱的优点说得很具体，比如我们的四驱相比竞品速度更快，尤其擅长在下雪天行驶，而且当前轮陷进沙地时，前轮的动力可以百分之百传递给后轮，这样车身就很容易从沙地中出来，等等。但是，这些都仅仅是口头描述，客户怎么知道你说的是不是真的？如果不把车开出来，想办法利用现有地形进行实操，客户对这些优势就完全没有感受。

经过试驾，老两口对这款车从一开始排斥的态度转变为情有独钟，在没有任何优惠的情况下决定签约。这个案例特别好地说明了试驾在我们整个销售流程中的重要地位，只有试驾才能让客户对我们的车产生最为真实的感受。

让客户获得更好的体验，从而发自内心地爱上我们的产品，这其实对销售顾问提出了更高的要求。你不仅要对产品了解透彻，还要知道如何通过感性的方式让客户体验到产品的好处。但现实中，很多销售顾问一上产品培训课就睡大觉，认为反正也听不懂，客户真有需求自然会买。即使是对产品有深入了解的销售顾问，也大多局限于口头上的讲解，在试驾中只是简单开一圈了事，很难让客户感受到动力、转弯等细节。有的品牌会设置试驾专员，那么销售顾问可以不精通驾驶技术，但大多数品牌或者4S店是没有试驾专员的，销售顾问就要积极参加产品培训，掌握更多驾驶技巧。我参加过品牌方驾控教练的培训，其中一项训练内容是绕着桩桶一圈圈一直开，这时候我才发现，我们品牌由于动力分配的技术优势，圆心始终保持在桩桶上，而其他品牌的车已经绕远或者绕偏了。不参加这样的培训，我是无法了解这一点的。这样的培训当然有助于我更加感性地理解产品，以及更好地向

客户呈现。

可能你会认为，调动客户的感知主要是在 ToC 业务中，ToB 业务的客户相对理性，要更多地运用调研分析和数据等相对客观的因素去沟通。

其实，ToB 客户也是由一个个“C”组成的，他们当中的每一个人都有着自己的个人经验、疑惑、偏好，以及在业务中的利益诉求，销售在挖掘需求、展示价值时，要尽可能调动对方的感知，让对方不仅认为你的产品有用，而且欣赏甚至爱上你的产品。所以说，在 ToB 业务中，调动感知的方法也可以派上用场。

可即便如此，最后签单的也不一定是你。经过漫长的跟进，你很有可能突然发现，客户其实早就对其他产品情有独钟，自己不过是一个陪跑者。

发现自己是陪跑者怎么办

观察：如何发现自己是陪跑者

· 崔相年

很多人认为，销售的天然职责就是跟进客户，应该锲而不舍地"追"，只要存在一线希望就不能放弃。但在有些情况下，你必须做出取舍，以便把精力、资源投入到更有可能成单的客户身上。那么，什么情况要考虑放弃呢？

每个销售项目都好比一场竞技体育比赛，最终只有一方能拿到冠军。当明确意识到自己在一个项目的竞争态势中只是一个陪跑者，一定拿不到订单时，你就要果断放弃，不要陪跑到最后。**你的目标是去拿冠军，而不是浪费时间。**

我经常陪团队的新人去见客户，有时跟客户第一次见面，回来之后我就会和新人说，这个客户你不要跟了，没必要浪费时间跟精力，虽然客户表现得预算充足，很有意向，但也不要继续跟了。敢于做这个决定，是因为我已经从以下几个维度对这个客户进行了评估。

第一，客户并不关心你能带给他怎样的价值。见到客户后，你会问客户一系列问题，但他回答得漫不经心；他也会问你一些问题，却对你回答的内容并不感兴趣。如果时间充足，他可能会对你背后的公司产生兴趣，问你公司成立多少年了，这些年是怎么做的，如何达到现在的规模，等等。这些问题其实和他的业务痛点、和我们的产品或者解决方案没有直接关系。这种客户并不关心你能给他带来什么价值，只是在漫不经心地应付一次面谈。要么是他没有迫切的需求，要么是你暂时还没抓住他的痛点，无论是哪一种情况，你都最好先退出来，等一等。

第二，客户并没有真的想和你对话，他要完全掌握面谈的主动权，对你的提问完全不在意，不让你按照自己的思路出牌，只让你回答他的问题。即便你提了一个问题，他也会打断，说“这个事儿咱们一会儿再说”。他好像急于完成流程，把想要掌握的信息都掌握了，会面就结束了。这说明，客户很可能已经在心中有了确定的采购对象，跟你聊，只是为了走程序，顺便了解一下市场，货比三家。

第三，客户总是陷于沉默，似乎警惕性很高，有敌对情绪，即使说话也是只言片语，同时对你的思路和想法表现出质疑，显得很冷淡、不耐烦。这些都是销售能够感知到的。这类客户一心只想着赶紧让你离开，那你也一定不要纠缠。

如果在你准备充分，明确知道客户有采购需求的情况下，依然发生了以上三种情况，那么这个客户大概率已经有了采购目标，对你只是应付一下而已。这个时候，作为销售新人，你还没有与客户建立基本的信任关系，坚持追下去也不会有结果，放弃才是最好的选择。

但你可能会问，这是否是因为我没有找准客户的需求点，或者没有有效地激发客户的需求？我要不要回去再做做功课，然后死磕下去？

我认为，是否要死磕，取决于你的潜在客户数量。如果只有 10 个潜在客户，你就只能天天和这几个客户较劲、死磕，虽然明知自己在陪跑，也只能硬着头皮试一试。而如果你的销售线索有 50 个，甚至 100 个，一个不行，你就要赶紧去找下一个。假设你们公司普遍的转化率是 10%，那就意味着在 100 个销售线索中，你大概率能找出 10 个值得跟进的客户。所以，当你开始纠结这个客户要不要再跟一下时，当你徘徊于一个明显在让你陪跑的客户门前时，你就要警惕——你的潜在客户太少了。

如何判断自己是陪跑者，对于新人来说的确有点难，需要一定的经验积累。张磊在十多年的销售职业生涯中经历过很多次投标，对于在投标过程中如何判断自己的竞争位置，以及如何应对，有十分丰富的经验。

争取：陪跑者并非绝对没有机会

· 张磊

一般来说，一个招标项目，从客户发现自身需求、确认需求、确认执行方向，到制作标书、公开招标，是一个漫长的过程。如果你能在这个过程中参与一些讨论，甚至参与标书的条款设立，那么通常来说，你拿下订单的可能性是非常大的。如果你是通过网站发现了这个招标项目，根据网页上的联系电话和客户进行对接，然后花钱买了标书，准备投标，那么你就很有可能是陪跑者。

还一种情况是，你根本不知道这个项目，却突然有人打电话来邀请你投标，那你就要想想为什么，对方大概率只是想增加几个陪标的公司，抓紧时间走完流程。

这两种情况都比较容易判断，但现实情况往往是，几家竞标公司都在客户制作标书的过程中有不同程度的参与，都与客户有一定的内部联系和对接，只是联系和对接的人可能不同。在这种情况下，如何判断自己在竞争中的位置呢？

比如在一个太阳能集热管的采购招标项目中，包括你的公司在内的三家公司在开标现场递了标书，评标人让你们先出去，他们在里面看，然后再把你们一个一个叫进去沟通，给你们一次改标的机会。你们各自调整了一下价格，或者修改了一下商务条款。然后，三家投标方又回到门外。这时，你看到其中一个人直接找到招标方的主要负责人交谈，他们并不避讳你，明目张胆地聚在一起，你能明显感到他们之间的关系要比你和客户之间的关系更密切。在这种情况下，你大概率就是陪标的。

当意识到自己是陪标的，你是否要立刻放弃呢？我不会，我会再试一把。

如果招标方让我们改价格，我就索性把价格改到我能承受的最低价，甚至低于我能承受的价格。比如，这个产品的成本是 10 万元，别人一般最低会报 11 万元或 12 万元，而我会报 9 万元或者 9.5 万元。如果这样改，还是没能引起对方的兴趣，那我也就没什么好说的了，赶紧撤。但如果他又找我澄清报价，对于我来说，这就是一次谈判的机会。

只要有机会坐下来谈，我就可以充分发挥自己的洞察能力、行业经验和谈判能力，找到对方的痛点，寻找机会。

上文这个太阳能集热管项目其实是我的亲身经历，客户看我报了低价，就过来问我，为什么我能比别家低这么多，商务条款方面会不会有调整？我从客户的实际需求出发，讲了针对他们这个项目，会如何微调我们的产品设计，以及我们的现场技术支持可以做到何种程度，等等。一旦聊起来，就有可能扭转局面。最后，这个订单我不仅拿到了，还因为客户提出的定制化要求，锁定了一个高于投标报价的最终成交价。

所以，在投标过程中，如果发现自己处于陪标状态，可以策略性地争取谈判机会，只要能坐下来谈，就有可能找到突破口。但这样做的前提，是你要对客户需求和行业特点有比较深的认知和积累，能够准确把握客户的业务痛点。

经过漫长的调研、策略准备和沟通，客户终于对你的产品或者方案有了明确意向。这时候，你就要开始下一步——商务谈判了，能不能最终锁定客户，在此一搏。在这个过程中，最关键的问题往往就是价格。

如何跟客户承诺价格

· 崔相年

很多新人在谈判阶段特别喜欢向客户承诺，不管客户说什么，都会回答“没问题，您放心吧”。但客户真的喜欢销售大包大揽吗？在拍胸脯、什么都答应时，你有没有想过，自己很可能在过度承诺，答应了根本做不到的事情？

你也许要问，这是客户提的要求，我能怎么办呢？总不能跟客户说这也不行，那也不行吧。其实，**销售不是不能对客户承诺，而是要做出明确的承诺，不能模棱两可。**

比如客户对你说，咱俩今天聊得挺好，接下来报价的时候，你一定要让我在领导那里过得去，别让我难堪。销售听客户这么说，基本都会说一句“没问题，肯定会给咱们最优惠的价格”。这种模棱两可的答案，会让客户认为“这件事你答应我了，你给了我这个承诺”。但很有可能你最后给的价格客户并不认可，或者是产生其他误解。

遇到这种情况，我有以下三个步骤的建议。

第一步，要跟客户明确你的职级权限所在，跟客户坦白："这么大的折扣我没法做决定，要去跟经理申请。"

第二步，如果经理认为可以给到这么大折扣，你就要跟客户进一步明确说："按照您目前的用途和规模，我一定能给您优惠的价格，常规用户是一百到两百人的规模，而咱们是上千人的体量，单价肯定会低一些，最低我能给到多少多少。"这样回答，其实明确了两个意思：第一，你对客户购买的规模进行了限定，不能他现在跟你谈的是上千人的体量，最后只购买了一二百，却要求以相同的优惠力度结算；第二，你给出了优惠的底线，让对方心里有数。

第三步，因为只给了这个客户较大力度的优惠，所以你要避免客户把价格泄露给同行，造成不必要的麻烦。最好和客户签一个保密协议，这样既可以对优惠条件进行限定，做到有理有据，也可以提升客户的感受，让客户知道，你的报价和优惠是靠谱的。

这三个步骤做完，才算一个完整的、明确的承诺。总的原则是，不要有遮遮掩掩的想法，要具体、明确。其实，作为销售，我们都知道客户在意的重点在哪儿，当客户没有和我们明说时，我们往往想绕开。根据我的经验，对于客户关心的、可能会影响项目结果的问题，你一定要当面直接说破，这样以后的工作才会没有隐患。

给客户承诺时不模棱两可，不仅对销售的工作有利，其实也是大部分客户所希望的。我们做培训时，经常把两名销售分为一组，一方扮演客户，一方作为销售进行谈判，很多学员在这个过程中逐渐学会了换位思考。他们能明显感到，客户对于说话含糊、大包大揽的销售会很快产生怀疑，甚至因此对整个项目失去信心。

销售中流传一句话："签单治百病。"的确，对于销售来说，签单是最让自己高兴的时刻，当客户签下名字，确认合同的时候，自己所有的奔波和委屈，所有的挫败感和自我怀疑，都会瞬间烟消云散。你期待着这一刻，仿佛胜利就在眼前。

但别高兴得太早，签单之前，客户往往会状况百出，谈好的价格、送去的合同可能再次杳无音信。当你打电话去追问，客户的回答很可能是"再看看"。他要再看看什么，他在犹豫什么，可能并不会告诉你。这时候，你着急了，恨不得整天守在他的公司门口、家门口和他经常去的咖啡厅门口，逼他把单子签了。毕竟努力了这么长时间，不能让"煮熟的鸭子飞了"。很多销售针对这一环节，总结出了一系列"逼单"的方法，可谓花样百出。但在史彦泽看来，之所以签单时会出现这么多状况，是因为之前的环节没有做到位。

与客户成交的方法有哪些

· 史彦泽

销售方法论中有一句很经典的话——“Always be closing”，大意是“永远试图成交”，销售在和客户进行面谈时，要抓住一切机会催促，甚至逼迫客户签单。

销售界有一种很极端的产品型销售方法，叫“15 分钟拔枪”。销售先想办法把潜在客户邀约到一个场景中，比如在健康宣讲活动中讲保健品，在人生规划讲座中讲理财产品等。他会花 15 分钟讲 PPT，作为客户，你就在下面听。讲完以后他问你觉得怎么样，对你有没有帮助，你这时大概率还没缓过神来，就会说挺好的。他就说，好，价格是多少多少，我们签单吧。你犹豫了，说再考虑考虑，他就会继续说，这么好的东西，你为什么要犹豫？对你这么有价值，你为什么不签？你说还没准备好，他就问为什么没准备好。你每说一个问题，他都会用准备好的话术来回应你，这些话术都是公司教给他们的标准化套路。总之，你不签单，他就不会放你走。直到你实在没什么问题了，他又把单子拿出来说，咱们签了吧。

在日常生活中，我们可能经常会遇到这种压迫式的销售方法，这种方法有两个特点。

第一，它十分简单，容易复制。在这个过程中，销售其实没有和客户产生真正的对话，也就不会涉及太多个性化问题。相应地，它对素质和技能的要求没那么高，只要销售人员具有一定的侵略性和进攻性，就可以迅速上手干活。

第二，对公司来讲，这种销售方法周期短，可以快速成交，快速赚钱。至于客户是否真的需要这款产品，在整个购买过程中的体验怎么样，以及会不会后悔，对不起，和他没关系，他也不在乎。他要做的，就是在最短的时间内让客户投降，把单子签了。

“Always be closing”的销售方法我过去也用过，但随着工作经验的增长，以及对顾问式销售的理解，我发现这种方法只适用于产品型销售，对于提供解决方案的销售来说，则不是一个好方法。

如果你是一名提供解决方案的销售，或者你想成为一名顾问式销售，那么，在达成初步的合作意向后，我建议你用“水到渠成”的方法进行促单，其中包含以下三个步骤。

第一步，在了解一个项目是否会成为销售机会时，你至少要搞清楚两件事，一是客户今年有没有做这件事的预算，二是客户有没有解决这个问题的截止日期。这两个问题都弄清楚了，才是一个真实的销售机会。

第二步，既然客户有解决这个问题的需求，有预算，也有截止日期，你就可以跟客户倒推整个销售过程的各个时间节点。比如客户想在明年第一季度绩效考核前完成系统升级，你就可以在此基础上倒推，要达到这个目标，要在什么时候进场安装调试，工程师需要做多长时间的准备，协议需要在什么时候签订，选型应该在哪个时间点完成，等等。这个时间表必须详细透明，是你站在客户的角度，为了帮他解决问题而推算出来的。

第三步，在挖掘需求时，你要把客户的痛点分析得透彻清晰，让客户明白这个问题不解决，将会影响他哪些事情的进展，给他造成多少损失；如果做决定不及时，又会进一步带来什么影响。痛点分析到位，客户就会和你达成共识。这时候，不用逼单，对方自然会按照这个时间表进行。

所以，**成单的方法和技巧，跟你的出发点息息相关。**如果是以“我”为中心、以产品为中心，你当然会采取各种方法去逼单、催单。如果是以客户为中心，那么你会从一开始就梳理清楚时间表，让成交水到渠成。

经历了成交的喜悦，销售马上会面对新的焦虑，下一个客户是谁？下个月的单子在哪儿？在你立刻转身投向新的客户，把老客户抛到九霄云外之前，请记住乔·吉拉德说过的一个金句——真正的销售始于售后。

为什么说销售始于售后

· 张磊

销售新人刚入行不久，是不是不会马上接触到售后问题呢？不一定。新人入职后，通常缺乏客户资源，公司也没什么销售线索可以提供，主管很可能就会把一些流失的老客户塞给你，让你重新联系一下，看看是不是还有合作的机会。但你千万不要以为给客户送点礼品，跟客户喝喝茶、吃吃饭，增进一下感情，就可以把他们追回来。售后不是搞关系，这么做就大错特错了。

我曾经有一位同事，在人情世故方面比我强很多，就算没有业务，他也经常去客户那里喝茶、聊天。这样做，短期内确实看到了一些效果，比如因为关系熟，客户的回款会顺畅一点，甚至每次吃饭，客户都会给他一些小单子做。但把时间线拉长到两年、三年来看呢？他的销售业绩反而没我的好。很多客户碍于情面，把一些无关痛痒的小单子给他做，但在重大项目的合作上仍然非常谨慎，原因很简单：我们关系好，但别人的产品更好，一码归一码。

流失的客户之所以没有续签，往往就是因为对售后不满意。这时候，你的工作就要从售后体验入手。

首先，积极解决客户提出的问题。

我在售卖太阳能组件产品时，曾经签过一个美国的小客户。虽然订单金额不大，投诉却很多，认为我们的产品用起来总出问题，肯定是产品质量不行，并扬言以后不会再和我们合作了。于是，我拉上我们的技术人员，和客户开了几次电话会议了解情况。我判断，并不是我们的产品有问题，而是对方的使用方法不对，没有按照正确的操作流程来使用。但我没去过现场，也不能十分确定。有一次，我趁着去美国出差的机会，专门去客户的项目现场转了转。其实这是一个体量特别小的客户，不做也无所谓，但我还是开了很远的车去现场。经过查看，我发现导致故障的原因果然是操作流程不规范，而不是产品本身的问题。于是，我手把手告诉他应该怎么做，以及今后都要注意什么。跑了这一趟后，我锁定了这个客户之后所有的订单，后来他还帮我介绍了美国当地的其他客户。

每个行业的圈子其实都很小，他虽然是一个小客户，但在行业中摸爬滚打多年，认识很多行业大咖，具备一定的影响力。你千万不能因为客户订单小，就忽视对他的服务。在追回一个已经流失的老客户时，你一定要去了解一下他到底对哪里不满意，是产品本身的问题，还是服务不到位。了解得越多，翻盘的机会就越多。即便他这次不和你签，你下次见另一个客户时，也会知道潜在的问题是什么。

其次，积极发现客户原本没注意到的问题。

我销售过一种太阳能集热管产品，这款产品需要吸收太阳能热量，同时通过真空保温来减少散热，很受欢迎，我也因此积累了不少老客户。我经常回访老客户，但不是请客送礼，而是实地查看产品的使用情况。在此期间，我发现了一些可改进的点。比如，我们这个产品的真空层里一般都设计有一个小小的真空指示装置，客户可以通过真空指示装置的颜色，判断产品是否存在真空泄漏的情况。这不是我们的独家设计，几乎是行业默认的设计标准。但放置这样一个真空指示装置，就会产生一定程度的遮光。在这种精密的光学产品中，即使是很小的光线遮挡，也会影响热能的收集。虽然有效率上的损失，但对于大部分客户来说，真空指示装置确实是刚需。

当时有一个客户的太阳能系统跟别人的不太一样。在他的系统中，我们的产品被安装在特别高的位置，安装后，根本看不到真空指示装置的颜色，这个设计就变得很鸡肋。因此，我跟客户建议，是否可以把这个真空指示装置拿掉？不但不影响使用，还能增强一点集热效果。我还给客户模拟计算了一下能提升多少集热效率，以及从整个产品生命周期来看，这个改进能多创造多少利润。最终，客户定制了一批改造后的新产品。

对于这个客户来说，他一时半会很难找到替代我们的供应商，因为市面上的产品都是整齐划一的设计。因此，我很有信心留住他。

实际上，我是在用做产品经理的思维去做销售。**销售也是可以参与到产品设计中的。主动发现客户没意识到的问题，意味着即使客户没有跟你反馈任何问题，你也要主动了解产品的使用情况。**

以工业品的销售为例。每隔半年，销售就应该给客户打个电话、发个微信，问问产品使用得怎么样，是否有什么问题。针对他提到的问题，你还可以上门交流，帮助他解决问题。

你可能会说，我们公司有专门的售后部或客户成功组，专门对接客户签单后的需求，我来对接客户需求，是不是不太好？

客户成功组在销售没时间跑售后，或者服务意识不到位的情况下，的确能起到及时给客户提供服务的作用，但据我观察，大部分客户其实不喜欢这样的方式。他会认为，我跟张三聊得好，认可张三这个人才签的单，怎么最后和我长期对接的是另一个人？我不喜欢这个人。售后部或者客户成功组一般有一套标准化的工作方式，执行过程中不一定会了解或者覆盖客户的个性化需求。在我看来，销售对客户的了解程度应该是最高的，和客户沟通不应该有什么顾虑，你们之间不是这一张订单那么简单，你是公司和客户之间的价值纽带，未来还有更多合作在等着你们展开。

你可能还会问，如果我卖的产品是低频次需求产品，一旦客户从我这里签单，十年八年内都不会再有相关需求，我也要每半年跟他联系一次吗？当然。跟客户保持沟通的好处很多，第一，多了解客户的使用情况，就能够为公司后续的产品开发和调整收集很多有价值的信息，你在公司的价值就不只是卖产品那么简单，你对市场需求也会有更多把握；第二，跟客户保持联系，能够让客户一直记着你，如果行业中其他人有需求，他就会介绍给你，如果有其他商机，你们也可以随时对接起来。

所以，不要因为客户订单小、产品需求频次低等任何原因，放弃客户维护和持续经营，销售始于售后，“售后做得好，业务跑不了”。

CHAPTER 3

第三章

进阶通道

现在，你已经了解了一个销售从入行到成熟的全部过程，他可能已经成为公司的骨干销售，拿到过好几次 Top Sales 称号。但此时，他可能已不再像新人一样满怀激情，为了成单不屈不挠，他可能会感到疲倦，甚至已经站在了十字路口，不知道自己下一步是继续打单，还是转做管理。

接下来，我们将带你预演一名销售在进阶阶段的真实经历，以及要面对的难题：

· 如何判断自己是否适合做管理岗？

· 做专职销售有哪些利弊？

· 做管理岗位要做好哪些准备？

· 招聘销售时要关注哪些因素？

· 如何帮助销售进行自我管理？

· 如何调动公司内外部资源服务客户？

你会看到成熟销售遇到的问题与解法，以及这个职业在“升级打怪”过程中的种种风景。让我们开始吧！

◎管理路线

你做好走管理路线的准备了吗

· 史彦泽

为了避免在入行两年左右进入瓶颈期，很多销售会趁业绩还不错时努力转到管理岗，拿到较高底薪以及团队提成，旱涝保收。每当看到销售素质非常好，但一门心思想转管理岗的年轻人，我就会觉得特别可惜，甚至心痛。因为管理路线和专职销售路线完全是两个路径，对人的能力要求完全不同。专职销售工作对一个人的综合能力要求特别高，完全具备的人本来就不多，刚干两年就放弃，实在让人惋惜。

我们公司曾经有一个小伙子，销售业绩非常好，入职一年左右就接连拿下了几个大客户，成为销售榜单上的 Top Sales。他开始自我膨胀，向主管提出要求："我要当经理，你不提拔我，不让我管几个人，就是看不起我。"他的主管来问我的意见，我认为这个小伙子的确是块做销售的好材料，但并不适合做管理。于是，我主动找他谈话："凭你的能力，做专职销售挣的钱不会比经理少，而且公司有针对专职销售的职级规划，你完全可以在这条路径上发展，为什么非要管几个人呢？”

他斩钉截铁地说：“老板，我已经证明了我是 Top Sales，现在公司有经理岗的空缺，我要申请经理岗。”我说：“你成为 Top Sales 才刚刚两个季度，咱们能不能再发展一段时间？等你能够真的把一个行业摸透，并且模拟带两个人的时候，再考虑做经理？”但他根本听不进去，甚至还向他的主管下了最后通牒：“你们要是不让我管几个人，我就离职去别的公司。”为了避免人才流失，我最终决定让他试试。

但是，真正当上经理后，他的状态却一落千丈，甚至焦头烂额。

最初，我只给了他的团队两个名额，想让他有一个逐步摸索、适应的过程，但他要求带四个人的团队，除了原本给他的两个人，还要再招两个。因为缺乏经验，他在招聘时不太会看人，人来了也不太会带。手下人出不了业绩，团队考核就难以达标，于是，他成了经理中业绩最差的一个。与此同时，初级管理者的底薪并不高，团队业绩上不去，他的收入也就上不去，与之前做专职销售时的收入相比，甚至出现了明显下滑。

看到手下人不顶用，自己的收入又大不如前，他只好自己去打单。在基本的日常管理外，他把主要精力都用在跑客户上，整体工作量比从前翻了好几倍，十分辛苦。时间一长，团队里的几个人也开始有了不满情绪，认为他整天忙着自己干活，很少对下属进行辅导，“跟着他，啥都学不会”。不久，四个人相继离开，刚刚搭建起来的团队转眼不复存在。在接连的打击之下，他的心态终于“崩”了。我至今还记得他提出离职时的样子，让人心疼。

他本来会成为一个优秀的销售，却被“必须做管理、一定得当官”的想法害了。这样的人，如果要转管理岗，一定要做好充足准备，经过一定时间的积累和摸索，千万不能拔苗助长。后来，他之前的主管了解到他在其他公司发展得并不顺利，就想找他回来，劝他说：“你做销售那么出色，经理当不成，可以走专业路线。”可他认为，自己原本是“当官的”，再回头去做销售，就是失败者，在公司没面子，没法回来，哪怕到别的公司做销售，也不能回来。这是一种“双输”。

从销售到销售经理，是一次根本性的职业转变，而不是职业发展道路中的自然升级。之所以大部分人认为销售的下一步是做销售经理，一部分原因是市场环境，生怕自己老了就干不动了；一部分也是受“学而优则仕”这样的传统观念影响，认为一个人把一件事干好之后就必须“当官”，“不当官”就说明他干得不好，或者老板不重视他。这两方面因素加起来，毁了很多素质非常好的销售。

一个销售的成功，依赖于他的学习能力、共情能力、交际能力，以及成就导向的能力、主动推进一件事的能力，等等。除此之外，他还要对行业、产品有比较深入的理解，能够熟练运用顾问式销售的技巧和方法。这么多因素结合在一起，才能成就一名优秀的、专业的销售。**当业绩下滑，出现疲态时，只要公司有完整的激励机制和职级体系，销售懂得如何调整自己，就完全可以渡过难关，攀登新的顶峰。**

而一个销售管理者的成功，要看他发掘和培养优秀销售的能力，以及把业务规模化、体系化、标准化的能力。初级管理者的主要任务是"选用育留"，也就是找到好苗子，培养、训练他们，引导他们茁壮成长直至成熟，同时给予激励，让他们越来越厉害。从某种程度上说，只有这些好苗子成功了，管理者才能成功。

虽然这个道理说起来简单，其实很多人都会陷入误区。

有的销售经理认为，手下的销售都是自己的小兵，是打杂的，大单子、主要客户资源都在我手里，手下人只要做些小单子或者帮我做些基础对接工作就好，如果公司要考核他们的业绩，我就把自己的单子算在他们头上。他可能会和别人炫耀："我一个人搞定一家银行，底下有 10 个销售帮我跑各个分公司，所有的核心关系全在我这儿。"这样的人，表面上是在做管理、带团队，但本质上还是一个大销售，并没有让团队的能力得到提升，没有实现销售能力的复制以及规模化。这样的人，在管理岗位上很难走远。

所以，**销售管理不是每一个优秀销售都适合的工作，在进行选择时，你最好先对自己有一个清晰的判断。**

到底要不要做基层销售主管

· 崔相年

大部分销售会担心自己四五十岁时，没有那么多体力和精力跑客户，所以想趁年富力强的时候早点转岗做管理。但是，当真正有机会转为管理岗，成为主管时，很多人又会犹豫不决，甚至产生抵触情绪。这是为什么呢？

在很多公司，主管的底薪和普通销售顾问其实没什么区别，考核标准仍然以个人业绩为主，团队业绩也算不到自己头上。即便有的公司把团队业绩算到主管头上，但因为团队人数少，业务刚起步，这部分提成实际并没有多少。所以，主管的现实往往是，你会花很多精力在新人身上，导致跑客户的时间所剩无几，个人业绩大打折扣，再加上底薪本身就不高，很容易出现收入下滑的现象。也就是说，虽然当上了主管，挣的反而比做专职销售的时候少。这时候，销售就很容易受挫，甚至选择离职。

所以，当有一个主管的位置空缺时，其实很多人并不想去干，只有少数人愿意尝试。在愿意做主管的人中，一部分人的态度是“不得不”，团队要扩张，要占领市场，必须有人坐到主管这个位置上，因此被上级强制性地晋升；而另一部分人，本身销售能力不强，做主管意味着有机会培养自己另一方面的能力，因此主动去尝试。

但那些不愿做主管的人，是真的想一辈子做专职销售吗？当然不是。很多人是这样盘算的：再干上一段时间的销售，多挣点儿钱，然后找机会跟领导沟通，越过主管这一级，直接晋升为销售经理。销售经理的团队规模、底薪水平、提成机制跟主管有很大区别，不再考核个人业绩，而是看团队的总体业绩。所以，直接升经理对自己更有利。

这样的路径貌似可以给销售带来更多好处，但也存在一些弊端。比如没有带人经验，你能否一上来就胜任经理职责，把队伍带好？如果胜任不了，那么对个人和公司来说，这都是一次冒险。团队业绩上不来，选人、带人的能力没跟上，即便你不断把自己的客户分给手下，甚至把自己的业绩算在手下头上，时间长了，团队也不会有什么起色。

不愿意做主管，但愿意直接做经理，是销售这个行业的普遍现象。但我更推荐你从基层主管做起。**对于缺乏管理能力的人来说，直接做经理会面临巨大挑战。**而基层主管虽然底薪不高，个人业绩和团队压力比较大，却是迈向销售管理岗位的关键一步，如果想在销售管理这条赛道上跑得长远，你就需要在这个阶段稳扎稳打。

基层主管这个阶段，对于销售的职业发展来说极为关键，是能力拓展和转型的重要节点。很多人不愿意在这个时候带徒弟，觉得既牵扯精力，自己又得不到什么好处。但是，如果之后打算走管理路线，即便公司对基层主管没有任何激励措施，即便收入出现短暂下滑，你也要尝试去带人。这一步，你一定不要心急，最好从带一两个人开始。

以前你只是自己跑业务，现在要开始处理自身之外的一些问题。比如，你要学会带着销售新人跑业务，告诉他每个环节具体怎么做才能成交，怎样才能完成每个月的任务。除此之外，你还要面对一些管理难题，比如两个手下之间抢资源，应该怎么协调？两个手下的性格特点完全不同，应该怎么有针对性地进行指导？你会慢慢开始知道如何赋能另一个销售。当他在你的帮助下成交时，你的成就感会特别强，甚至比自己成单都高兴。

学习带人的时间至少需要两到三年，只有耐心经历了这个阶段，你才能慢慢找到一些带人和做管理的感觉，给接下来真正做销售管理打下基础。

将来你可能会逐步成长为销售经理、销售总监或 VP（副总裁），你的团队成员也会从 8 个、10 个，增长到 30 个、100

个，甚至更多。当你成为销售总监或VP时，说明你已经真正能够操盘一个行业的完整业务。这是一个稳扎稳打、逐步升级的过程。

从基层主管到销售经理、高级销售经理乃至销售总监，每一级管理人员面临的首要问题，其实都是如何带出一支有战斗力的团队，处理好日常管理中的选、用、育、留。

咱们先来看看第一个环节，人才筛选。销售的招聘标准五花八门，每个公司、每个人可能都不一样，但“自驱”是其中比较核心的要素。那么，如何通过面试筛选出自驱力强的人呢？史彦泽的一次珍贵经历，也许能给你一些启发。

招聘销售要考虑哪些因素

· 史彦泽

怎样招到适合做销售的人才，招聘时要重点考虑哪些因素，是每一个销售管理者都非常关心的问题。我在从业初期的一次应聘经历，至今记忆犹新。

在国内做了一段时间戴尔电脑的销售后，我来到了加拿大，目标很明确——进入一家大型 IT 公司做销售。朋友们都说，你的母语不是英语，进北美大公司做销售是不可能的，想都别想。但我还是想试一试，开始疯狂投递简历。虽然一连几个月都没有结果，但我还是不断投递，甚至被朋友们笑称为“投递专业户”。终于，全球最大的商务智能公司 Business Objects[1] 给了我一个机会。

我接到了 HR 的电话，在 30 分钟时间里，对方问了我的职业背景，以及过往的一些销售案例，我的英文勉强可以应

---

1. 全球领先的商务智能公司，2007 年 10 月被全球最大的企业管理和协同化商务解决方案供应商 SAP 收购，但是保持独立运营。

付过去。几天后，我再次接到 HR 的电话，对方说我通过了第一轮筛选，让我在下一周某天晚上七点到多伦多市的一家夜总会面试。

去夜总会面试？这也太奇葩了，这可是国际一流的公司。虽然接到通知后我有点蒙，但由于这家公司在业内太有影响力了，我当然还是要去试一试。

那天，我花了很长时间打理自己，西装革履，来到夜总会门前。当时，我完全不知道北美的夜总会是什么样的，也不知道会出现什么局面，自己能不能应付，心里特别紧张，在门口徘徊很久也没有进去。后来，看到几个当地人进去后，我心想，既来之则安之，一咬牙，推开大木门进去了。

进门后，公司 HR 问了我的名字，从一大堆名牌中找到我的，贴在我身上。他跟我讲了这次面试的规则：今晚是公司包场，在里面可以随便吃喝；你可以向一个叫 Buddy 的人了解你想知道的有关公司的各种情况；今晚的人群中有四位销售经理，明天早上这四位经理会给我几个名字，我会安排这些人进入下一轮面试；至于怎么让他们记住你，是你的事。

第二轮考核就这样开始了。我进入夜总会内场，拿了点饮料，左顾右盼，见人就问 Buddy 在哪儿。找到 Buddy 后，我向他问了一些公司的情况，以及哪几个人是销售经理，他们有什么特点，各自的团队卖什么产品，等等。我的问题很多，但 Buddy 简单回答了几句后就去应付其他人了。于是，又剩下了我自己。

我在一百多个候选人和几位经理中间转来转去，想看看到底哪个经理适合我。但是，越是在他们中间转，我就越感到自卑。第一，亚裔不多；第二，听口音，仅有的几个亚裔也是以英语为母语。这样看下来，母语不是英语的大概只有我一个人，我更紧张了。所有人都围着这四位经理转，想给他们留下深刻印象，这四位经理对上前攀谈的人应接不暇，和每个人都说不了几句话。我在一旁默默观察，想找准一个时间点冲上去。终于，我看到一位经理有空了，马上向他快速介绍自己，他听完后只问了我一句话：告诉我你为什么要来面试，我们为什么要聘用你？我快速回答了提前准备好的几个原因。

回到家后，我一整夜辗转反侧，回忆当晚的每一个细节。第二天，接到 HR 的第三轮考核通知时，我简直不敢相信，高兴得手舞足蹈。后来，我问这位销售经理为什么当初会记住我，他说，因为我不是土生土长的当地人，能到这里来应聘，本身就很有勇气，而且我很坦诚地说这会是我来加拿大的第一份工作，而且我的英语很蹩脚。原来，是我的勇气和坦诚，以及蹩脚的英语给他留下了深刻印象。

第三轮考核是 HR 面试，他问了我关于价值观、职业发展和人生目标等方面的问题，一是看看我的内在动力怎么样，二是看看我是否符合公司文化的要求。

第四轮考核，我接到了一封电子邮件，邮件里描述了这家公司典型客户的典型场景，要求我在一周内准备一份20分钟的PPT，用顾问式销售方法，模拟一次真实的销售面谈，评审官将模拟客户的CEO、CFO来听我的销售阐述，之后将是15分钟的问题挑战。

这是我在整个应聘过程中遇到的最难的一关。第一，这家公司虽然很有名，但我并不真正了解它的产品，所以我必须做大量的调研；第二，我之前的工作经历是售卖电脑产品，对卖解决方案需要的顾问式销售方法只了解大概，并没有很深的认识，所以我要快速阅读关于顾问式销售的书籍，对它形成具体认知，并能够应用于实践；第三，准备PPT需要大量时间；第四，我的英文水平很难支撑我一下子讲20分钟，以及应付各种专业性的提问。同时，为了生活，我在当时还做了一些兼职，只能利用业余时间去准备。

那一周，可能是我这一生最疯狂的7天。

面试当天，我磕磕巴巴地讲了20分钟，之后又遭到几位招聘经理长达15分钟的连续“炮轰”。我刚说完最后一句话，其中一位经理就让我离开，到门口等待。我心情沮丧地走出会议室，觉得自己搞砸了。

没想到，15 分钟后，其中一个经理出来告诉我，我们三个都觉得你潜质不错，可以让你进入下一轮面试。我当然极度兴奋，要知道以我当时的英语水平，能在加拿大找到一份这样的工作有多么不容易。

负责最后一关面试的，是夜总会里记住我名字的那位经理，我最终顺利通过面试。入职后我才知道，在这次招聘中，公司只从一百多名候选人中挑了两个人。

举这个例子是想说明，招聘销售其实是一个科学化流程，一流的公司大多有清晰的人才画像和能力模型。从招聘的第一关开始，他们就会依照这个模型去筛选人才，这家北美公司就是如此。第二个环节夜总会面试，在一个真实的场景中，在一百多个竞争者中，去和自己的目标攀谈，让他对你产生兴趣，并且记住你，考验的是一个人寻找时机、快速和别人建立连接的能力。这就比在常规面试中，面对面问几个问题要管用得多。做销售的人一般比较善于察言观色，你一张口问问题，他就知道你想要什么答案，然后抛出早就准备好的与之相匹配的案例、故事，甚至是自己的人设。所以，常规面试经常出现差错，应聘者在面试时回答得很好，可实际一上手干活，根本不是那么回事。

第三个环节，20 分钟销售阐述和 15 分钟问题挑战，其实是在考验以下几个方面。第一，你是否愿意花时间准备这 20

分钟，你应聘我们公司是碰运气，还是真的想来？光这一条就会让很多人主动放弃。这考验的是你的动力和肯为目标付出精力的决心。第二，在没有接受公司任何产品培训的情况下，要完成一个PPT，你就必须找到相关产品资料和公司以往的案例来学习，这考验的是你的学习能力和准备能力。第三，你怎么给客户讲，考验是你的逻辑能力；怎么回答问题，体现的是应变能力。所有这些点都考查到了，最后挑出来的人，基本和人才画像、能力模型不会有太大出入。这时，公司就能花更多资源去培养你。

入职后，迎接我的是一整套严格的培训体系，第一天干什么，第一周干什么，第一个月干什么，都有一套完整的流程。比如第一个月，公司将所有新人集中到美国加州的一个城市，在一起做魔鬼训练，一个接一个地给不同案例提出各种解决方案。这样的高压训练，让人几乎没有时间睡觉。

经过这样高成本、系统化的招聘和培训，销售人员在公司中就可以脚踏实地成长。即便某个人中途出现了一些问题，公司也不会轻易放弃。比如有一次，我因为英语说得不够好，给客户讲解得不够清楚，遭到了客户的投诉，甚至惊动了高层。但我的经理没有因此开除我，也没有处罚我，而是说："Allan，你的英语的确很蹩脚，但你是一个特别想成功的人，你会做好的。"

一家公司是否要在招聘上投入这么多时间和成本，跟利润率、品牌都有关系。比如我入职的这家公司是全球同行业中的头部企业，想进去的人太多，那它就可以对人才很挑剔。公司专门请麦肯锡建立了一整套人才招聘和培训体系，帮助它找到正确的人，然后培训人才、复制人才。它在招聘、培训、复制人才上的投入是很大的。

但我们周围大多数公司的现实是什么呢？销售经理总是觉得手下没人干活，急于招一堆人进来，经过几天短暂的培训，简单讲一下产品，就把他们扔进市场，行的人留下，不行的人离开。我创办销售易这家公司后，经常跟销售和 HR 团队说，你们要给应聘者留作业，通过实战项目考察，筛选出我们真正想要的人，却遭到他们的反对。销售管理者认为，抢市场要紧，现在没人干活，老板你先放宽条件，赶紧进来几个人把坑填上，合适不合适后期再看；HR 的意思是，我们不是世界 500 强，遇到好的人才应该求他们进来，而不是给他们设置障碍，你给人家布置作业，人家会觉得你好烦啊，干脆不来了。

在目前这种还在跑马圈地的市场环境中，销售管理者和 HR 团队这样考虑问题，的确有他们的道理。但长期来看，这么做会造成一种难以收拾的局面。在没有经过严格筛选和实践考验的情况下，你勉强填了一个坑，找来一个不是很合适，甚至也不是很喜欢这家公司的人，那从他进来的第一天起，你就要付出很高的成本去试错。你要投入成本去培养他，但很可能他做了一段时间后，你发现他确实不行，或者他受了点挫折，认为公司不适合自己而离开。然后你又重来，陷入“没人—放松要求—不停有人进来—人走了—重新招人”的恶性循环。最后，团队没有栋梁之材，业绩也一塌糊涂。

通过严格的流程找到正确的人，关乎一个团队、一家公司的长远发展。如何找，怎么找，我们可以多借鉴世界一流公司的经验。

好不容易筛选出的人才，要经过精心的培育和管理，才能在团队中茁壮成长，并持久地贡献价值。接下来，我们将从业务成长、心理建设和业务分工三个维度来看看销售团队的管理都有哪些门道。

如何利用销售流程进行团队管理

· 史彦泽

一般情况下，新人加入销售团队后，他的主管或者销售经理会找时间陪他一起拜访客户，这样很容易发现新人的问题，进行有针对性的指导。但是，陪访毕竟不能成为常态，大部分时间，新人都需要自己去见客户。这时候，作为管理者，你应该如何发现他的问题呢？

首先，你可以根据自身业务特点梳理出一个适用的销售流程，让销售新人即使没有你的帮助，也知道怎么干活。

比如你所在企业的客户都是规模比较大的公司，在推进业务时遇到的影响成单的环节和人就会比较多，而且还要经常参与竞标。如果你只是简单地使用通行的销售流程——初步接洽、确定需求、方案报价、谈判、签约五个步骤，而没有根据客户的具体情况，把销售流程进一步细分和拆解，就无法关照到每一个环节和每一个关键人。粗枝大叶，必然漏洞百出，结果可想而知。

面对这种情况，你就要重新梳理业务流程，并且计算出每一步的赢率。你可以把销售流程改为以下几个步骤：

第一步，初步接洽，筛选出有真实需求的客户，赢率10%；

第二步，确定内部支持者，取得他的认可，并愿意把你介绍给 CIO，赢率 30%；

第三步，拜访关键决策人 CIO，这是最关键的一步，只有获得他的认可，你才有可能继续推进，赢率 50%；

第四步，覆盖其他决策人，比如 CEO 和 CFO，了解并满足他们的需求，赢率 60%；

第五步，招标 / 提案，赢率 70%；

第六步，谈判，赢率 90%；

第七步，签约，赢率 100%。

有了这个流程，销售就能清晰地知道自己的工作步骤和每一步要达成的目标，以及每一步的客户数量应该做到多少。

其次，根据流程中的赢率，你可以判断一名销售的工作痛点在哪里。

比如，一个销售在 CRM 系统中的客户线索数量和拜访数量都很高，但拜访CIO的数量却非常低，这说明这个人很勤奋，愿意频繁拜访客户，但是难以获得内部支持者的认可，也就无法获得见到CIO的机会。据此，你就可以有针对性地帮他分析，是内部支持者找得不对，还是沟通问题。

再比如，一个人拜访CIO的数量不低，但他的下一步——覆盖其他决策人的数量却很低，这说明他的高层对话能力可能有所欠缺，无法取得CIO的支持。据此，你就可以着重提升他的高层对话能力，从需求分析、案例准备到对话技巧，全方位地给他有针对性的帮助。

最后，你可以通过“流程产出物”检验销售的工作水平。

“流程”就是适应于自身业务的销售流程；“产出物”就是每个步骤应该呈现的暂时性结果。比如，你团队中的一个销售去见CIO，你不知道他和对方具体是怎么聊的，是一上来就开始讲PPT，还是在了解了对方的需求、分析完痛点后，才开始讲方案和产品，但你可以对他提一个要求——回来后，给客户的CIO发一封确认邮件，讲一下今天谈了什么，针对哪个痛点集中进行了分析，应该怎么解决问题，时间表是什么，下一步要做什么，等等。你可以要求他在发这封邮件时抄送给你，这样你一看就会知道他和客户沟通得怎么样。如果一见到客户就开始讲PPT，有枣没枣打一竿子就走，那他肯定写不出这封邮件。

“流程产出物”还包括和客户的合影、客户的反馈邮件、谈判记录等，这些都可以帮助你了解团队成员的工作情况。

很多销售经理只盯着手下人的业绩，不管他中间怎么干，只要签单就可以。不对过程进行管理，只要结果，必然会存在很大风险。**管理好过程，才会有好的结果。**

销售这一行委屈多、挫折多，很多人难以坚持下来。所以，作为销售经理，很重要的一项工作是帮助新人建立信心，不断鼓励他在一次次跌倒后，一次次站起来，积极面对第二天的工作。但鼓励并不是简单地说“你一定能行，加油”，而是要有策略、有方法。

如何帮助销售坚定信心

· 崔相年

很多人认为销售是逐利的群体，单纯以挣钱为目标，调动销售的积极性，激励他战胜困难的最好办法，就是不断向他们展示可能拿到的提成和奖金。但我不这样看。**与挣钱相比，人生的长期目标其实更能激励销售坚定信念，不忘初心，为了达到目标而不懈努力。**

新人入职后，我会让他填写一张规划表，写下未来三年或五年的规划，不论工作还是生活，自己最想要的是什么。我招过几个大学刚毕业的年轻人，其中一个告诉我，三年内他要开一家酒吧；另一个说，五年内要在北京给父母买套房。这些真实的愿望是促使他们前行的动力，也意味着他们有着很强的“要性”[1]。我会让他们把这些愿望写在表格里，签上名字，见证自己的初心。

之后，每次和销售进行绩效沟通时，我都会把这张表格

1. 指对一件事情的渴求程度。

拿出来，让他回顾一下自己的初心，看看距离目标还有多远。尤其是当一个人业绩不理想，开始产生负面情绪甚至频繁抱怨时，这张表往往能让他回到原点，想起自己当初为什么要干这一行，曾经对自己、对家人做过怎样的承诺。这时候，他会重新意识到，我要的就是这个，我没有忘记，我要行动起来。

一个人在一个阶段内的人生目标可以激励自己前行，同时，一些不用太费力就可以实现的小目标也能够帮助他战胜困难。

很多公司都会给销售设置排行榜，日排行、周排行、月排行，或者件数排行、金额排行，等等。这种做法的目的是表彰优秀销售，同时给业绩低迷的销售施加压力。但业绩一直不好的销售如果总是看到自己在中位数以下或者倒数，就会对自己越来越没有信心，甚至产生离职的念头。

这部分销售的业绩真的不会有起色吗？未必。有些人天生就是做销售的好材料，而有些人的成长则是螺旋式上升，需要一个缓慢的过程。面对后者，管理者应该结合他们的行为数据，设置合理的、具体的目标。

针对这样的销售，你可以告诉他，结合你的数据和公司业务的普遍规律，只要每天拜访客户的数量增加一到两个，坚持到某个时间点，你就一定会出单。销售动作本质上是一个筛选的过程，是一个漏斗，只有把潜在客户的数量、拜访数量做大，后面才有机会成单。在销售出不了单时，你可以跟他一起分析到底是哪一步的数据没上来，然后让他盯着这一步狠下功夫。知道了问题所在，销售就可以有针对性地实施行动。

这有点类似于专车司机，每天开始工作时，他都会按照设置好的任务值来工作，比如每天要开 15 单。某天到了要收工的时间，他想回家了，系统却告诉他，还差一单就能完成任务，他就很容易再坚持一下，完成这剩下的一单。同理，如果知道自己的小目标是每天提高 1 ～ 2 个拜访量，而不是去追求榜单的前几名，销售的心理压力就不会那么大，不会认为这件事太难了，自己干不了。销售中流行这样一句话："做正确的事，让好事自然发生。" 意思是，动作做到位，就一定会有结果。

所以，在进行业绩排行时，管理者也可以做动作数据方面的排行，比如打电话数量、拜访客户数量、提交方案数量等，这才是真正促进销售行动的有效排行。也就是说，设立小目标，把注意力集中在关键环节上，更有助于销售解决实际问题。

目标导向的方法还可以应用于试用期的销售。如果一个新人在试用期内一张单子也没签，但打电话、拜访量、提报方案的数据都不是很低，那就说明他其实很勤奋，只是在某项技能上还存在比较严重的问题。那么我就会和他一起分析问题到底出在哪儿，是对产品的理解不到位，还是关键人没找对。我会让他写一个绩效改进计划，如果这个计划比较准确地写清楚了问题所在，以及下一步行动的目标，我还是会给他转正的机会。如果只看业绩，不看动作数据，新人就不知道自己的问题在哪儿，他可能会想："我都这么努力了，还是一单没签，做销售太难了，还是早点离开这里吧。"

反过来，如果一个新人入职不到三个月就拿到了业绩第一，但一看他的数据，发现拜访量和提报方案量都很低，几乎和成单的数量保持一致，这就很不正常。很有可能和他签单的都是一些基于家族关系的企业。这时候，我反而会延长他的试用期。销售是一件长期的事，眼前成了几单并不能说明问题。这时候，作为管理者，你要指出这个销售的问题，鞭策他把流程中的基本动作做到位。

在一个团队中，有刚入职的新人，也有工作了几年的老人，他们遇到的问题、工作状态各有不同，你当然可以一个一个帮他们解决和调整，但更为有效的方法是进行业务规划，让他们通过自己的努力获得改善。

如何调节不同阶段销售的工作状态

· 崔相年

我们都知道，做销售应该有激情、有良好的工作状态。但很多销售在工作了两三年后，已经很难保持工作激情了，工作十几年的老销售可能更是内心疲倦、行动迟缓，只靠手里几个大客户的续约“吃老本”。你可能认为，这是销售自己的事，管理者只要关注状态好的销售就可以了。**其实，让整个销售团队拥有比较好的工作状态，正是管理者的重要职责之一。**

如何让老销售保持良好的工作状态？除了销售部为员工设置合理的职级序列、薪资梯度外，让老销售对产品有新鲜感也很重要。

每个产品都有自己的生命周期，会在一定时间内进入衰退期，因此每个公司都不可能长时间只做一个业务，而是要不断研发新的业务线和产品线，拓展新的领域。只有这样，公司才能长期存活，保持活力。同理，老销售见了成百上千个客户，卖的都是同一套产品、同一类方案，慢慢就会产生疲态。接触新业务，会逼迫他对行业、技术、趋势等产生新的思考，同时，承担为公司开疆拓土的责任，也会让他增加几分自豪感。这些因素都有利于他保持工作状态。所以，作为销售经理，你要让老销售尽可能多地摸索新业务，用新的挑战去激活他。

你可能会问，销售新人脑子快，学习能力强，是不是更适合做新业务呢？我认为新人反而适合干老业务。首先，老业务已经有成熟的目标客群、销售流程，对于每个环节容易踩的坑，公司也都做过很详细的总结，新人可以通过老业务学习到整套实用的方法论，养成良好的工作习惯，打牢基础。其次，新人做老业务，会有比较强的获得感，认为自己在这家公司确实能学到很多东西。最后，老销售已经开发过许多关于老业务的销售方法和策略，可能已经没有更新鲜的招数了，这时候新人进来，很可能会找到新的角度、新的方法，从而在一定程度上激活老业务本身。

除了给新人和老人安排合适的业务，管理人员还可以尝试“组对”的方式，也就是让一个老人和一个新人成为一个小组，形成师徒关系，共同完成一个很高的业绩目标。有了目标，两个人都会拿出真本事来对待，新人当然会拼命向老人学习，而老人也能从新人身上重新感受到工作的激情，甚至产生一些危机感。这样，两个人的状态都会有所提升。

◎专职销售路线

选择做专职销售，意味着你要在专业上精益求精，不仅对行业生态、客户痛点、产品和方案组合等有一般销售难以企及的深刻认知，在挖掘客户需求、寻找关键人、谈判、整合资源等方面也要技高一筹。在这条路上，你要持续激励自己，让自己保持良好的状态，最终成为一名销售专家。

做专职销售有哪些利与弊

价值：精英专职销售是公司的一块宝

· 穆熙双

在销售顾问的岗位上做了几年之后，我参加了一次销售经理的竞聘，机会难得，我下了很大功夫去准备。而很受总监青睐的销售顾问老王却对竞聘一点儿兴趣都没有，尽管总监反复劝他参加竞聘，他还是坚持要做专职销售顾问。

后来，我顺利晋升，经过几年的发展，现在已经很少直接面对客户了，只有特别难谈的单子，我才会协助销售顾问一起谈。而老王始终工作在业务一线。公司总经理找他谈过好几次，劝他当个经理，甚至让他直接做销售总监，他都不干。一次，我找他谈心，他说："销售顾问只要管好自己，做好公司安排给我的工作就行了，我挣我的钱，不用想那么多乱七八糟的事，而且领导对我不错，我觉得这样挺好的。"

确实，老王做销售顾问挣的钱不比我们这些做管理的人少。经过十几年的专业积累，他不断精进，把销售顾问各方面的能力提升到了一般人难以企及的高度：他对产品的精通程度远超我这样自称"技术流"的资深车迷；他对客户需求的洞察和挖掘能力、谈判议价能力、产品迁移能力不是一般销售顾问能比的；他对行业前沿问题的认识，在我看来也是专家级的。他在店里的地位举足轻重，可以说，很多时候，我们这家店不能没有他。

老王一般不会出现在展厅。展厅客户的购买意向通常不是很明确，有来遛弯的，有来随便看看的，成单率不是很高，在展厅排队等客户的一般都是普通销售顾问。老王主要负责接待电话销售组筛选出来的客户。电话销售组每天都要打成百上千个电话，对来自各个网络渠道的销售线索进行筛选，找到有一定购买意向的客户，通常从 100 个线索中能找到 8 ～ 9 个潜在客户。一般来说，这些客户对我们品牌是比较认可的，愿意进一步了解，所以公司对这部分客户的成交率要求比较高，展厅客户的成交率一般在20%，而电话邀约客户的成交率要求在45%～50%。这就要求销售顾问具有极强的邀约能力、洞察需求能力和谈判能力，能够做到快速、精准地签单，而这是普通销售顾问难以做到的。所以公司把这些电话筛选出来的客户线索交给老王，凭借他过硬的能力快速拿下订单。

除此之外，公司重要活动中的展示，或者比较关键的谈判，领导也都会安排老王出场。

老王走的是精英销售专家路线，他很清楚自己擅长做什么，不愿意做什么，并能够在自己选择的方向上不断精进。但是，**这条路其实并不好走，需要天赋，更需要持久的努力。**

老王坚定地走在自己选择的方向上，并且获得了公司的高度认可。但在有的公司，资深的专职销售并不会受到领导层的青睐，这又是为什么呢？

弊端：专职销售可能面临的窘境

· 崔相年

做销售两三年后，你通常会面临路径选择的问题，要么走管理路线，逐步担任主管、销售经理、高级经理、销售总监，要么走专职销售路线，一直靠签单挣钱。现实中，大部分人不会选择做专职销售，因为不论体力还是精力都很难保持。但也有一些人特别不喜欢做管理、不喜欢为杂事操心，始终坚守在业务一线。

选择走专业路线，意味着你必须具有持续开发客户的能力和耐力，即便年纪一大把也不能有丝毫松懈。如果你做了很多年专职销售之后，逐渐安于只做一些维护老客户的工作，并因为手握公司几个最主要的客户而不再锐意进取，努力开发新客户，那么时间长了，你就会成为老板的眼中钉、肉中刺。

站在公司整体利益的角度，老板或者公司负责人必然希望各业务板块降本增效。针对不再开发新客户、只做维护工作的老销售，他们一般会分两种情况对待。

第一，老销售已经和主要客户深度绑定。每个公司都有几个最主要的客户，他们的订单支撑着公司的基本盘，但是这些客户只认这一个销售，不管是家族背景的原因，还是其他更深的利益绑定，反正只要这个销售离开，这些客户就一定会随之离开。公司一般会对这样的销售特殊对待，你不开发新客户没关系，不怎么来上班也没关系，只要你能留下，我依然会按月发薪。但如果有一天市场发生变化，公司有了新的业务支撑，这样的销售就会迅速出局。

第二，老销售虽然手中握有几个主要客户，但并没有形成绑定关系。在这种情况下，如果销售依然没有开发新客户的愿望，只做一些维护工作，吃老本，那他对公司的价值就会越来越小，公司一定会想办法改变局面。通常情况下，公司会要求他多带徒弟，培养新的销售，把能力复制出来，形成规模。而在带人的过程中，徒弟一定会接触到他手中的客户，时间长了，这些资源就会被慢慢交接过来。

走专职销售路线其实非常难，你必须在专业上不断精进，持续开发新的客户，不断为公司带来新的价值。一个残酷的现实是，在我身边，几乎从未出现过到了四五十岁还有激情和体力开发新客户的销售，除非他自己当老板，卖自己的产品。

要想让客户成功签下订单，销售是否只要依靠自身能力就足够了呢？当然不是。在销售过程中，生产、财务、法务等问题会涉及公司内部的各个部门，也有可能涉及公司外部的一些合作。为了解决问题，销售必须把自己看作一个项目的全权负责人，进行跨部门协作，甚至拉通外部资源，统合多人一起战斗。

为什么要把自己看作一个项目经理

· 张磊

销售在市场一线开疆拓土，产品和方案这些弹药则来自公司各部门的后方支持。不过，你千万不要觉得只要把需求给到后方，各部门的同事就会心甘情愿地配合你完成。

经常发生的情况是，你和客户谈得很好，但公司内部不给力，要么延期交付，要么产品质量出现问题，客户总是找你投诉。这时候，销售不能觉得反正我已经签单了，后面的事情我管不着，相反，**你要时刻把自己当成一个项目经理，有关这个项目的任何问题，你都有责任去解决**。

我曾经签过一个订单，一切原本都是按照正常流程推进的，后来我因公出差了将近两周，回来后发现，这个订单的产品竟然还没有开始生产。原来，采购部和生产部门之间发生了推诿扯皮的情况。由于这个订单是新设计的产品，之前库存的原材料不能用，只能根据新图纸重新购买原材料。在寻找供应商的环节，问题出现了——订单量太小，没有供应商愿意接单。采购部一看这事比较难办，就跟生产部门说："这种紧急的、量少的非标准物料，应该你们生产部门自己找供应商。"生产部门说："按照流程，不管订单是大是小，都应该由你们提供原材料，否则我们就没法生产。"双方争执不下，浪费了半个月时间。看到这种局面，我马上组织两个部门的负责人一起开会，确认项目推进到底卡在哪里，并且梳理责任边界。结论是，不管情况如何特殊，理论上，供应商就该由采购部门来找，这是有流程标准的，所以采购部责无旁贷。责任划清了，问题就解决了吗？当然不是。

这件事的核心不是采购部不愿意找供应商，而是没有供应商愿意接这个活。于是，我找到公司里的一个老领导，他手上有很多供应商资源，有些还是他的老朋友。老领导听我讲了这个项目的潜力，就和一个他熟悉的供应商打了招呼，原材料有着落了。最终这个订单保质保量地如期交付了。

再举一个例子。我曾经销售的一款产品以钢管为主要原材料，钢管需要先打磨光亮，打磨完之后，上面有很多金属粉尘，要清洗干净才能进入下一道工序。但在这个工艺的实施过程中，总会出现一个恼人的问题：我们的工厂在华东地区，夏天的空气湿度很高，钢管几乎刚清洗完就会生锈，无法进入后面的工序。这个问题生产部一直解决不了，但不合格的产品一旦到了客户那儿，就会造成不可挽回的信用折损。

了解到这个情况后，我马上下车间，连续几天盯工艺流程，终于发现了问题所在。钢管打磨之后，工人会用自来水清洗，而普通的自来水中含有较多氯离子，会导致钢管生锈。于是，我跟工人们说，把清洗钢管的普通自来水换成去离子水试一试。“去离子水”就是去除了多种离子杂质的高纯度的水，几乎不含氯离子。经过测试，我们发现钢管果然不生锈了。问题解决了，生产进入快速稳定的状态，如期为客户交付了合格的产品。

这两个例子，一个是内部人员遇到困难后相互推诿，一个是内部人员长期没有去找解决问题的方法，这些都有可能导致订单交付失败。对此，销售要找到问题的核心，主动担当，带头解决问题。销售不只对成交负责，也要对交付结果负责。即便是生产环节出现了问题，你也要组织大家沟通协作，攻克难题。

一些人会担心，这样做是不是越界了？另一些人可能会想，你能找来公司两个部门的负责人开会，向老领导要资源，指挥生产部门改进方案，是因为你级别高，我可不行，我在公司没有这样的话语权。

其实，进行这样的内部沟通，跟级别没有太大关系。根据我的观察，只要你的目标是服务好客户，为项目结果负责，绝大多数公司的资源都会向你倾斜。问题的关键是，你是否愿意为了项目结果而奔走，与相关人员反复沟通，是否有“这个问题必须解决，不解决就不行”的劲头。

如果觉得自己话语权不够，你可以说服你的直属领导去协调这件事，一次不行就两次、三次。不过，我建议你还是自己去协调。其实，在一些中小企业或者互联网企业，管理相对扁平化，你完全可以自己去找这些部门的负责人沟通，一切皆有可能。

从自身职业发展的角度来看，你越是有这种担当，有这种主动找高层沟通的勇气，你就越有闪光的机会。很多中小型民营企业的项目经理都是三十岁左右的年轻人，都要对接一些大型国企、央企，要去协调大领导，他们会因为年龄问题而胆怯吗？不会。既然在这个位置上，他们就要放开胆子去干。销售也是如此，你既然签下了这张订单，就要确保顺利交付。

如何依靠团队拿下订单

· 崔相年

通常情况下，专职销售主要依靠个人能力拿下客户，往往习惯于单打独斗。但是，在面对一些大客户时，就必须团队作战。大客户的公司规模大，关键人员多，决策链条长，各方面关系比较复杂，如果都由一个人跟进，很难全面掌握信息，制定有效的策略。

打大单的团队一般由三到四个人组成，一个销售 leader（领导者），负责跟进客户高层；两个普通销售，其中一个负责跟进关键人，另一个负责收集客户内部信息；如果需要，还会有一个产品顾问，或者叫售前支持。这四个人要进行角色分工，比如谁唱黑脸，谁唱红脸，谁要在什么时候攻坚，谁要在什么时候不发表意见，等等。四人在配合过程中，会一步一步验证、核实各类信息，从而找到整个项目的灯塔，明确这张单子的攻坚方向。

我在给企业做内训时，看到过这样一个案例。装修公司 A 和其他两家供应商竞标一家大型银行的装修项目。竞标前期，银行的行长对 A 公司十分认可，认为他们有经验，方案呈现的效果很好；而副行长却始终保持高冷态度，说他们的价格是三家中最高的，方案也不是全部都好，虽然行长认可了，其实我们不能接受。针对这样的局面，负责这个项目的销售迅速拉来了销售总监和一个同事，组成了一个临时小团队：销售总监负责跟进行长，稳住高层；他自己跟进副行长，专门在价格问题上进行谈判；另一个同事负责收集客户内部信息，搞清这件事的决策背景。

负责跟进副行长的销售要守住价格，也就是要"唱黑脸"。一般这个角色不会是团队中职级最高的人，而是职级稍低的那个。他要和客户表明态度："我们的用料都是高标准环保材料，价格已经是最低的，确实不能再便宜了。"客户的副行长没把价格砍下来，财务总监又出来说："你们的价格确实太高了，我们不能接受。"轮番轰炸之下，唱黑脸的销售一定要扛住。这时候，负责跟进行长的总监还不能出面，他一定要在关键时刻出现。

与此同时，负责收集客户内部信息的同事从多个渠道了解到，副行长之所以一直保持高冷，这么关心价格问题，是因为在三家竞标的供应商中，有一家和他个人关系不错，而另一家有金融系统一个关系户的保荐。相比之下，A 公司的方案虽然得到了行长的支持，但其实是最有可能出局的。A 公司的销售小组经过分析认为，如果自己想办法把另两家挤走，很有可能在项目执行过程中遭遇客户某些部门的掣肘，最后能不能把项目做成还真不一定。所以，从这个角度看，三家都不能出局。

有了这个判断后，A公司的销售小组就必须对目标进行调整，重新制定方案，并由销售总监出面向客户提出新方案。这位总监对客户说："我们可以把项目进行一些划分，设计方案中您最认可的部分由我们来做，比如行长办公室、大型会议室和一些参观区域，而那些面积比较大的部分，比如员工工位和其他活动区域，可以由另外两家负责。如果您对其他两家的方案不满意，我们也可以把自己的设计稿拿出来，他们执行就好了，我们只要一个设计费。这样，大家都有事情做，您也不用花那么多钱。"

这个方案虽然让原本的成交金额减少了三分之一，但照顾了各方面的利益，既让副行长对得起自己的关系，又照顾到了另一个关系户的利益，同时行长的办公室也能装修成自己想要的样子。所以客户很快就同意了。

在这个案例中，最重要的是信息收集和角色分工。你对这张单子掌握到什么程度，应该制定什么样的策略，最好的情况是什么，最差的情况是什么，都需要进行多方面反复验证，一个人是很难完成的。善于与同事进行协作，彼此借力，也是专职销售的必备能力。

如何与公司其他部门高效协作

· 张磊

当一个项目遇到困难，需要进行很多内部协调时，销售要主动承担起项目经理的责任，大胆地去沟通。但有时候，面对一些比较复杂的情况，你也要使用一些策略。

比如，一个长期大客户的需求刚好是公司产品的缺陷，需要进行一些用料和技术方面的改进才能完成订单，你要如何说服公司改进呢？公司的研发部门是否支持，预算是否匹配，这些都是问题。

我的建议是，你不要去讲这件事对客户的重要性，而是要给公司算一笔账，算一算整个项目的投入产出比、ROI（投资回报率）、未来五年和十年的收益，等等。把数据拉出来后，再算一笔反账：如果不改用料，不改进技术，会存在哪些风险，代价是什么，未来五年、十年会减少多少收入，等等。这样一对比，公司就会意识到，既然这样，还不如现在就把用料改了，该怎么选择也就一目了然了。

但是，这两笔账仅凭自己是没法算出来的，你可以适当借力，请公司的财务团队帮你一起算。不过，你不能把这个任务甩给财务了事，账到底要怎么算，需要抓取哪些数据，进行哪些对比，你自己要先有一个思路，这样别人才能帮你。如果你自己没想法，慌慌张张地跑到财务那儿说“我想做一个什么什么收益表，你帮我搞一下”，那对方多半是不会理你的。

如何让其他部门的人愿意帮你？可能需要你平时多跟他们聊聊天，时不时给他们点几杯奶茶，或者其他“小恩小惠”。但是，这些只能解决一时的问题，如果需要一个部门长期配合你，那就得另想办法。

如果你的业务需要经常给客户做财务测算，这就意味着你跟财务部门的协作会非常多，如果每次只是通过请喝奶茶的方式让他们帮忙，关系是不可能维护好的。这个时候，你就要想办法把协作模式变成固化的流程。比如，你可以在经营管理会上提出建议：基于客户的业务特点，需要财务部配合大量业务测算，是否可以在业务流程中加入一条客户测算需求流程？如果公司同意，这个需求就会作为一个流程固化下来，甚至直接做进ERP（企业资源计划）系统，销售发出需求，财务部就必须接单。

可能你会说，我的职级不够，没法在经营管理会上提建议。其实，这件事的关键在于，你是否认为这个问题足够重要，是否有决心去解决这个问题。职级不够，你完全可以找自己的直属领导去协调。还是那句话，**只要是真正为公司的利益着想，公司的很多资源都会向你倾斜。**

为什么要拉动外部资源帮客户解决问题

· 张磊

销售有时候不仅要卖自己的产品，还得替别人卖产品。比如我卖过的太阳能集热管，它是集热系统上的一个组件，若干集热管需要装在一个集热系统上才能工作。直接把集热管卖给客户，往往是很难成单的。万一客户选用的集热系统跟我的产品不适配，那我花再多力气也没用。这时候，我就会主动找做集热系统的公司合作，“我们提供组件，你们进行整体系统集成，我们一起去向客户提案，最终把这单业务做成。”实际上，这么做，你就不是单纯卖产品了，而是卖给客户一整套解决方案。

这是销售经常会面临的局面：客户需要解决的，不是一个问题，而是一组问题；不是某一个产品，而是一组产品。而你所在的公司往往是无法帮客户解决所有问题、提供一组产品的。

比如，你的公司是租赁灯光设备的，客户以影视工作室为主，业务很多。突然有一天，一场大型演出的负责人找到你，想要租灯光设备。你觉得这场演出的需求只是灯吗？当然不是，他的真实需求其实是一整套现场演出的视觉呈现方案，其中的灯光设备必须能帮助他实现这套方案，他才有可能下单。这就像一个轴承，性能再强，质量再好，如果跟整辆车的其他部件不匹配，客户也不会需要。所以，当演出团队问“除了灯光设备，你们还有没有电子屏、泡泡机出租”时，你怎么办？一般销售可能就直接拒绝了：“对不起，我们只有灯，没有大屏，也没有泡泡机。”优秀的销售则会主动去联系提供屏幕和舞台全套设备的公司，大家合力准备一整套舞台视觉方案，再去跟客户谈，成交的概率就大得多。

协调外部资源帮助自己成单，不一定只是被动地满足客户需求，也可以是主动挖掘客户需求。我在帮企业做营销策划时，有一个客户主动找到我说：“听说你网站设计得不错，能不能帮我改进一下现在的网站？”一般人会直接帮他做个网站，但只要多想一步，你就会发现：他为什么想请你做网站？只是想要一个漂亮的页面吗？当然不是，他一定是对整个公司的营销效果不满意。这时，我就会告诉客户：“网站我会帮您做，但您花三五万元做了一个漂亮的网站，没人来看，这不是白花钱吗？所以，品牌推广您也必须提上日程。还有，现在网页的图文展示很普通，如果您想进一步打动客户，可以用视频广告片来做网站补充，效果会更好。”客户的思路一下子就被我打开了，非常爽快地接受了我的方案。后来，我主动联系了一家专业的影视公司来帮客户制作广告片，又联系了曾经合作过的网页设计师和程序员一起帮客户做网站改造。

你可能觉得，整合外部资源固然能提高成交率，但耗费的精力太多了，最后还帮别人做了嫁衣，有这个工夫还不如多跑几个客户。

其实，每个客户都有个性化的问题，如果遇到需要整合外部资源的项目就躲开，那么遇到其他费时费力的问题，你照样会躲开。销售工作的本质就是帮助客户解决问题，把产品或者解决方案卖出去，只要你的行动是朝着这个方向进行的，就值得花时间、花精力去做，哪怕自己多加一些班，少睡一会儿觉。这其实反映了一名销售的目标感强不强，是否愿意为了成交，腾出一些精力去协调内外部资源。**如果想在销售这条路上长期发展，整合外部资源就是一门必修课，你没有办法绕开它。**

整合外部资源这件事，除了促进成交外，其实还包含着“利他”的思维。这么多年干下来，我有一个很深的感悟，就是在做很多事情时，不要总去权衡自己的利弊，而要多为别人着想，这样未来的路才会越来越宽。你这次拉了一些外部资源，帮别人完成了一些销售任务，以后可能别人也会帮你。

同时，你帮客户解决的不是一个问题，而是一系列问题。这次帮客户解决问题后，他会觉得你的协调能力不错，别人干不了的事，你能干成，下次再遇到难题，他八成还是会来找你。在这个过程中，你会和客户、和其他外部资源公司建立信任甚至友谊。未来你即使不在这家公司了，也会和他们有合作空间。

选择做一名专职销售，意味着你不太可能进入公司的管理层。那么未来你会有哪些出路呢？来听听张磊的建议。

专职销售有哪些出路

· 张磊

选择做专职销售，是不是意味着要从业务员一直干到专业职级的总监呢？当然不是。不走管理路线的销售大致会有以下三种发展方向。

第一种，始终服务于一家公司，成为公司不可取代的资深销售。这种情况其实在我们身边并不多见，能十几年、几十年如一日地坚持开发客户的人很少，除非你能与客户形成比较牢固的绑定关系，让公司离不开你。

第二种，跳槽，卖不同的产品。当销售在一家公司遭遇发展瓶颈，看不到前景时，他很可能会换一家公司继续做销售。这种情况比较多见。

第三种，在完成一定的积累后，自己创业。不过，想要创业成功，并不是一件容易的事情，这种情况也不常见。

其实，不论你是第二种还是第三种情况，都要面临一个问题——如何在工作中更高效地积累资源和能力，为自己下一步的发展打下基础。对此我有以下几个建议。

第一，把一个客户签下来后，你要与他建立长期的信任关系。

如果只停留在一单生意上，签完合同就不管了，之后也不再联系，那这个客户跟你就没什么关系了。前文[1]说过，签单后，你要把与产品有关的售后服务做好，即使公司有专门的售后部或者客户成功部，你也要积极与客户保持联系，让他遇到问题时，首先想到的是给你打电话。

在做好售后服务的基础上，你可以和客户保持一些私人往来，在一些与产品无关的领域给予帮助，持续为他提供价值。比如他的朋友圈发了一篇文章，不要只是点个赞，你可以和他就这个话题聊几句。这样的互动多了，如果有一天遇到生活或者工作上的什么问题，他就可能会来问你。一来二去，你和客户的关系逐步拉近，你在他心目中的分量就会越来越重。比如我很早以前的几个客户，虽然知道我已经离开了原来的公司，但在遇到问题时还会来找我。

第二，当发现自己所属公司的产品和服务不能为客户全面解决问题时，你可以尝试着整合多方资源。

---

1. 详见第二章“为什么说销售始于售后”。

我之前在一家化工贸易公司做销售，公司很小，没有工厂。销售的所有化工产品都是代理、经销的。当时，我开发了一个美国客户，他想要一款化工产品，但这款产品我们公司从来没卖过。我没有马上答复客户，而是赶紧做了一些行业调研。我发现客户指定的这款产品过去都用于聚酯等行业，但客户这次想用在太阳能领域。当时我还没接触过新能源，很好奇，就顺藤摸瓜看了很多太阳能行业的相关信息，发现这是一个比较新的领域，未来的用量会非常大，是一个极具潜力的市场。

我为什么要研究这些呢？其实最开始，我是想看看能不能联系到生产这款产品的厂家，增加我们公司售卖的产品品类，但找来找去，我发现中国还真没有生产这款产品的厂家。这就更让我好奇了。我进而研究了这款产品的化学成分，发现它由两种比较常见的化学原料组成。我的想法就又进了一步：能不能找到这两种化学原料的生产厂家，然后再找一家工厂，把产品做出来？经过漫长的努力，在协调了各方利益后，这款产品真的做出来了，成交额有三千多万元，比公司过去一年的总销售额还要高。

在这个项目中，我发现了市场的空白，跑通了从产品到销售的全过程，甚至找到了一些创业的感觉。

第三，如果你正准备换一家公司做销售，那么我建议你不要随便找一个行业就贸然进去，最好选择和自己之前的公司属于同一行业，但是处于不同生态位的公司。

比如我之前卖过导热油，导热油是一种高温的传热介质，用于太阳能发电项目。后来我到另一家公司卖集热管，也是太阳能发电项目的一个核心元件。这两个产品虽然完全不同，一个是化工产品，一个是机械产品，但它们的客户都是同一拨人，所需要的行业资源是重叠的。

这样转行后，和其他销售相比，你不仅优势明显，卖起产品来非常轻松，还可以从不同角度理解这个行业，形成更加深入的积累。有朝一日，当你想创业单干时，你就能比较清晰地找到方向和资源。

销售这份工作，除了能积累客户资源，还能锻炼一个人多方面的能力。比如，在调研客户需求时，经常需要做很多测算，慢慢地你就会对财务有一些了解。又如，在为客户提供解决方案时，不免需要拉上一些外部资源进行合作，那么，不同公司的人怎样形成合力去完成一件事，如何搭建商业模型，要不要签排他协议，项目做成后怎么分配利益等，这些都需要你去策划、实践。

有客户资源，能找到市场空白，同时又具备策划、财务、运营等综合能力，这些积累会使销售具备独当一面的能力，为迈向下一个台阶做好准备。

CHAPTER 4

第四章

高手修养

欢迎来到销售职业预演之旅的最后一部分——“高手修养”。

在这段旅程中，你会看到从前的销售经理、高级销售经理成功晋升为公司的销售总监，也就是销售团队的第一负责人。他不仅要为全公司的销售业绩负责，还要经常参加管理层会议，参与公司的一些重大决策。他已经来到了销售职业金字塔的上层，成为手下心目中的“高手”。

他即将面临的问题是：

· 销售总监需要具备的核心能力是什么？

· 销售总监要解决哪些问题？

· 为什么销售部要打造团队文化？

· 如何以客户为中心开拓市场？

销售总监跟销售经理这样的中层管理岗位不同，他的任务不是带好自己的小团队，而是完成公司的整体业务目标，并随着公司产品线、市场规模的变化，不断对销售团队进行调整。接下来，就让我们一起进入销售总监的世界，看看你未来可能成为的样子。

销售总监的核心能力是什么

· 史彦泽

创办销售易后，我和各类公司的销售负责人有了更多的沟通。我发现，目前市场上有两类销售总监，一类是从公司基层成长起来的，他们首先是特别优秀的销售，晋升到管理岗后成绩斐然，一路带着团队打业绩，最后成为公司整个销售队伍的leader。这时候，如果公司规模没有太大变化，维持在小富即安的水平，销售团队始终在一百人以下，他就不会遇到特别大的挑战，依靠自己多年的积累和能力，完全可以应付销售团队里出现的各种状况。但如果公司规模快速扩张，销售团队的规模从一百人以内增加到了三四百人，甚至还有跨国团队，那么他的管理半径、人才储备就会面临很大挑战。

所以，在一些跨国公司，销售总监的岗位往往不是由公司内部成长起来的销售人员担任，而是由外部精通管理的人担任。这也是市场上的另一类销售，他们的能力不只局限在追单、打单、带领团队完成业绩上，更多的是成批量地复制团队、管理团队。

复制团队最核心的工作就是建流程、建体系、建机制，但很多销售总监在自己的成长过程中没有培养起这个意识，即便有意识，也不知道具体应该怎么做。这导致的后果，就是在公司扩大规模的情况下，他唯一的应对之策就是招人，根据公司对业绩提升的要求来匹配要招的人数。按理说，业绩目标计划增长多少，就招多少相应数量的新人，人均单产不会有太大变化，而人数增加，业绩就应该增加。但现实中，这却成为很多销售团队难以破解的一道题。

比如销售总监在年初招了三十个人，招来后却发现有些人难以管理，或者有些人能力不达标，只能淘汰。年底一盘算，今年又走了三十个人，业绩并没有太大增长。导致这个现象的原因是销售团队的人才流动性大，流程、体系、机制不具备可复制性。

在销售管理领域，阿里巴巴和华为的经验值得我们借鉴。很多优秀的销售管理者都成长自这两家公司。他们在一个相对完整的体系里接受训练，获得成长，所以在成为一名管理者后，他们自然知道流程和体系如何搭建，怎样把优秀的个人能力转化为整个团队的能力。比如出身于阿里巴巴“中供铁军”（阿里巴巴中国供应商直销团队）的干嘉伟在离开阿里巴巴后，去美团担任了COO（首席运营官）。美团在“千团大战”[1]中脱颖而出，与他军容齐整的地推团队不无关系。

销售总监要做的不是简单的“选用育留”和带团队打业绩，更重要的是把这中间的每一步都流程化、体系化，使优秀的个人能力得以规模化复制。这涉及更加丰富的学科体系，需要更加全面的知识结构和系统化思维。从销售经理到销售总监，这个台阶的跨度很高，是一个销售职业生涯中的重要飞跃。

销售总监的核心能力是搭建合理的用人体系，包括职级体系、薪酬体系、规章制度、培训体系、销售流程管理体系，等等。贯穿于其中的关键是经营意识。

1. 2010—2015年，国内数千家团购网站为了争夺市场而展开的激烈竞争。

销售总监要解决哪些问题

· 张磊

我们这一行有两个分流点。第一个分流点，是销售业绩做得好，但不善于管理的人成为专业销售；销售做得好，同时还能带团队的人会朝着销售经理的方向发展。第二个分流点，是在销售管理人员中，那些不仅会带团队，而且具备经营意识、能够协调内外资源、制定战略规划的人会进一步成为销售部的总负责人，也就是销售总监。

作为销售总监，你的团队不再仅仅只有几个兄弟姐妹，而是有几十个，甚至上百个人，这要求你站在公司层面，考虑全局性的问题。

首先，你要考虑整个团队的投入产出问题。

怎样用最少的人获得最大的收益，这个问题的本质其实是如何激发团队的工作积极性。但是，与带小团队不同，作为销售总监，要激发团队的工作热情，不能只凭借个人感情或者多发奖金，而应该靠制度。

比如在公司的大客户业务稳定之后，销售手中有了稳定的大单，可能就不想再像从前那样辛苦地开发新客户，每年只做一些维护老客户的工作。这时候，公司就要有合理的提成制度，比如成功开发新客户，提成3%；老客户第二年续签，提成2%；老客户第三年续签，提成1%。这样，销售就不会躺在过去的成绩上停滞不前。

但这样会不会降低销售维护老客户的积极性呢？如果老客户只跟销售续签老项目，不签新单，那也是公司的损失。其实，这个问题完全可以通过制度解决，督促销售从老客户身上挖新单。比如公司规定，老客户的新业务签单后提成更高。如果销售通过服务一个大客户，为公司沉淀下来一个售后团队，这也是他的业绩。作为销售总监，你可以设计多维度的绩效考核方式，激发销售的工作动力。激励制度如果不健全，就很可能导致销售做了一段时间后感到不爽、不公平，因而选择离开。

其次，你要考虑团队的流程管理问题。

你可能会遇到不配合自己工作的销售经理，凡事不听指挥，专门和你对着干。针对这样的人，销售总监不能出于自身喜好，草率行事，而应该站在全局立场上分析利弊，尊重个性化发展，保护团队积极性。同时，也要避免这种个别现象演变成各自为政、信息不透明，甚至团队人员流失而导致客户流失等问题。面对这种情况，除了设计有效的晋升、绩效考核、职级和薪酬体系，在制度上加以统筹、管理外，还有一点很关键，就是运用工具实现销售业务的数字化。

比如前文说过的CRM系统，这是很多企业都在用的销售管理工具，它可以帮助企业在营销、销售和售后三个环节进行客户管理。销售人员可以运用CRM系统记录与客户的沟通内容、建立日程安排、查询预约提醒、快速浏览客户数据等，有效提高工作时间。同时，CRM系统还可以实现大额业务提醒、销售漏斗分析、业绩指标统计、业务阶段划分等功能，帮助销售管理人员提高整个公司的成单率，缩短销售周期。目前，研制CRM系统的企业很多，有竞争力的产品也不少。

此外还有ERP系统，也就是企业资源计划系统，该系统对企业的物流、资金流、信息流进行全面的一体化管理，包括生产控制、供应链、财务、人力资源、金融投资、客户管理等。这些数字化管理系统可以作为业务抓手，使销售管理更加系统化。

在一些小公司，所有的客户信息、联系方式都掌握在销售个人手中，销售最近在跑哪几个客户，每个客户推进到了什么程度，每次见面后是不是有进展，这些信息管理者很难掌握。但如果把销售过程数字化，情况就完全不同了。比如，我们做工业产品的销售会涉及很多图纸，每份图纸，我们都会与客户一起进行反复修改，产生很多不同的版本，公司的研发部门或者技术部门可以运用ERP系统，把每一次修改存档，建立一个版本号。技术部盖章发放之后，销售才能拿给客户去确认。CRM和ERP两个系统打通后，客户每次反馈的关键信息、推进步骤，都可以和对应的各版本图纸一起留存在系统中。如果销售团队发生人员流动，管理者就可以马上派新人对接，不会断档，因为系统里所有的内容都一目了然。

最后，你还要心怀使命感。

销售总监要对公司的长远发展心怀强烈的使命感，能够站在公司的战略层面，为核心管理层贡献你的远见，比如未来销售应该怎么做，公司的产品方向、产品规划、产品体验、售后体系等应该怎么调整，以及如何利用销售端的数据给产能、供应链等方面提供建设性意见。

如果想要有所作为，并且有进一步的发展，销售总监就不能仅仅停留在带团队做业绩的层面上，而要按照经营一家公司的思路来经营自己的岗位。

有了完善的体系，一支销售团队是否就能成为战斗力爆棚、纪律严明的队伍呢？当然不是。想要达成这个目标，还涉及销售总监的另一个职责——建设团队文化。

销售团队的文化价值观有多重要

· 史彦泽

销售总监的核心任务是组建和带好一支有战斗力的团队，但现实中，很多销售总监组建的其实不是团队，而是一个“团伙”，一支“雇佣军”。这一票人干活的目的就是挣钱，就是提成和奖金。虽然说销售的基因是“逐利”，但一支只认钱的团队，往往干着干着就会没有纪律，没有底线。

销售团队就像一支军队。假如指挥官施行“金元政策”，对战士们说，只要把城攻下，兄弟们就可以抢粮、分钱，而战士们拼死攻城，胜利后抢红了眼。这时候，队伍很可能会因为分赃不均而产生内耗。如果指挥官不能很好地处理这种状况，那下一仗战士们可能就不会替他卖命了。

一个有趣的现象是，市场上真正能够做到高度专业、纪律严明、作战勇猛、坚韧不拔的顶尖团队，都不是施行“金元政策”的团队，而是以文化为驱动的团队。“文化”就是使命、愿景、价值观。

团队文化可以产生多大的力量?比如阿里巴巴的文化理念是"让天下没有难做的生意"。公司成立初期,阿里巴巴的一个销售天天跑到义乌的小工厂拜访,吃闭门羹后再拜访,他这样执着当然是为了拿到提成,但与此同时,他的内心一定还有另一个声音在支撑他,那就是"我是在帮这些外贸企业发展,让他们的生意做起来更容易,他今天不见我,是因为他不懂我,不知道我能给他带来什么,一旦他懂了,肯定会接受我的帮助"。阿里巴巴的销售带着这种使命感和价值观最终成就的事业,我们有目共睹。又如华为的销售文化价值观中有一条"胜则举杯相庆,败则拼死相救",这样的精神,让整个团队在任何困难面前都充满斗志。

说到底,销售的本质是"利己"还是"利他"?

以产品为中心,其实是一种利己思维,以"我"为中心,是我要把产品卖给你,我要提成,我要奖金。很多团队会这样要求销售:不管你用什么方法,不管最终能不能交付、客户是不是真的需要,只要你把订单拿回来,就是好样的。这必然是一个短线的团队、短线的公司。

以客户为中心,则是一种利他思维,是我要帮助客户解决问题。这样的团队才能走得长远,公司才有长线发展的可能。

CHAPTER 5

第五章

行业大神

销售虽然是一份可复制、可量化的工作，有着严格的工作流程和科学的方法论，但并不是每一个掌握了这些方法的人都能够成为顶尖销售。那些创造了市场神话，达成了别人难以企及的业绩，不断被媒体报道的销售大师们，都在某一方面有着过人之处。

与此同时，那些不断研究销售方法论，为一个又一个公司搭建更为先进的销售体系、带来惊人业绩的咨询专家，也是这一行业的卓越贡献者。阅读他们的著作，从他们的销售体系中汲取营养，是一代又一代销售必经的成长之路。

在这一章，我们将为你挑选三位有代表性的杰出人物。

乔·吉拉德，一位在个人销售中创造奇迹的汽车销售，他有哪些独门秘籍？

罗伯特·米勒，一位把销售动作进行科学化拆解，建立了销售方法论体系的销售专家，他对于销售的理解有哪些精彩之处？

尼尔·雷克汉姆，一位给销售职业带来划时代变化的资深顾问，他贡献了哪些实用的销售方法？

现在，就请你登上金字塔的顶端，领略销售大师们的别样风采。

乔·吉拉德：我不卖汽车，我卖的是自己

· 穆熙双

2008 年，我进入汽车销售行业，当时北京还没有开始限号，市场繁荣，比较容易做出业绩。2010 年，政府开始限号，整个汽车行业都面临巨大的挑战，同时，我入行已经差不多两年，刚好进入个人的瓶颈期。那段时间我心情特别低落，客户资源面临枯竭，大小月问题比较严重，这个月签单多一些，下个月就没有“余粮”了。

2013 年，我依然身处低谷，看不到太多希望。这时候，我有幸观看了乔·吉拉德在北京的一次演讲。他是美国雪佛兰汽车的资深销售，创造了连续 12 年平均每天销售 6 辆汽车的吉尼斯世界纪录。他在现场激情洋溢的演讲，鼓舞了我之后的人生。

吉拉德出生于美国的一个贫民区，小时候要靠给别人擦鞋来贴补家用。因为贫困，他高中没毕业就辍学了。父亲

认为他根本不可能成才，总是对他冷嘲热讽，导致他从小就非常自卑，甚至一紧张就会口吃。好在他的母亲非常和蔼，经常鼓励他：“乔，你应该证明给父亲看，你会成为一个了不起的人，人都是一样的，机会摆在每个人面前，你不能气馁……”母亲的鼓励让吉拉德逐渐自信起来，内心燃起了想要成功的火焰。

但人生总是充满曲折。35 岁那年，在从事了 13 年建筑行业后，吉拉德破产了。他和妻子，以及两个孩子失去了房子，连车也被银行收走了，还负债 6 万美元。人到中年，吉拉德的人生似乎满盘皆输。

为了养家糊口，吉拉德必须尽快找到工作。那是一个满天飞雪的冬日，吉拉德走进一家汽车销售店，对经理说：“我需要一份工作。”经理说：“这不太可能，现在是冬天，生意本来就不好，多雇一个人，老板会不高兴。再说，你卖过车吗？”吉拉德回答：“没有。”经理说：“那更可笑了，我为什么要雇你？”吉拉德信心满满地说：“给我一部电话，一张桌子，我不会让任何一个跨进门来的客人空手走出这个大门。相信我，只要两个月，我就能成为这里最出色的销售员。”经理听完哈哈大笑，说他简直疯了。他却郑重地回答：“不，先生，我没有疯，我很饿，我的家人也很饿，我们需要钱。”

就这样，吉拉德成了一名汽车销售员。三年后，吉拉德以年销售1425辆汽车的成绩，打破了汽车销售的吉尼斯世界纪录，他也因此被称为“世界上最伟大的推销员”。之后，每个工作日平均销售6辆以上汽车的业绩，他一口气保持了12年，甚至其中一个月卖出了170多辆车。这样的骄人战绩至今无人打破。50岁那年，吉拉德转型从事演讲和销售教练，他的经历鼓舞了世界各地的销售。

在2013年的那次演讲中，他手握话筒激情澎湃，坐在台下的我激动不已。他让我认识到，**不同行业、不同品牌，成交其实都有一个相对稳定的概率，我们能做的就是不断找到、筛选目标客户，每一步筛选都会让自己距离成交更近一步，所以每一个动作实际上都在挣钱。**有了这个认识，我再打电话时，就不会总是纠结于这次会不会被拒绝，而是在遭到拒绝后，马上拨通另一个号码。

吉拉德另一个让我印象深刻的举动是，他在演讲的过程中不停地发名片，即便是在演讲间歇，只要是他看到的人，他都会送上自己的名片。后来我通过各类采访了解到，这正是他成功的另一个秘诀。

吉拉德每天疯狂地向遇到的所有人发名片。他去看体育比赛，不管是篮球、棒球还是足球比赛，都会购买位置比较高、紧挨着栏杆的座位，他会带着一箱子名片站在栏杆旁边，等待美妙时刻的来临。每当球员得分，他都会高声欢呼，尽力引起更多人的注意，同时向空中抛撒自己的名片。

他在餐馆吃完饭，总会多给服务生一些小费，然后附赠两张名片，请他把名片转交给其他人。即便是和客户成交后，在交换合同时，他也会再多给客户几张自己的名片。他曾说，我就像农夫一样，不断地播种，到处播种。

有人说他这样做太疯狂了，其实他这是在尽可能多地制造、发现销售线索。这一点对我启发很大。在4S店卖车，仅仅接待进店客户，是无法完成销售任务的，甚至是“死路一条”。如何才能获得更多的销售线索呢？除了广发名片，我开始从售后维修部门、车险公司，甚至其他店收集线索。销售过程就像一个漏斗，只有把漏斗口开得足够大，才会有更多的订单漏下来。

吉拉德还有一个让我非常欣赏的地方，是他超越一般人的勤奋和坚持。在一个亲人的葬礼上，吉拉德突然发现了一个现象——几乎每次葬礼的参加人数都在250人左右。这让他想到，每一位客户身后大概都会有250名亲朋好友。也就是说，如果赢得了一位客户的好感，就赢得了250个人的好感；相反，如果得罪了一位客户，就有可能得罪250个人。这就是吉拉德的“250定律”。在这个定律的基础上，吉拉德总结出一个心得：销售的工作核心有三个，就是服务、服务和服务。他有一句名言：“销售开始于成交之后，而不是之前。”

为了做好服务，吉拉德为每一位客户建立了专属档案，记录有关他的所有资料，比如嗜好、学历、职务、成就、年龄、文化背景、旅行过的地方等。掌握了这些信息，他就可以随时询问对方需要什么帮助，并在生日时寄去卡片。此外，他每月还要给一万多名顾客寄贺卡，十二月欢庆圣诞节、一月祝贺新年、二月纪念华盛顿诞辰日……凡是在他那里买过汽车的人，都会持续收到他的贺卡。吉拉德这样做的目的，就是尽可能多地让别人感受到他的关心，并且记住他。他还会在一年当中的某一天包下一个餐馆，请汽车维修工吃饭，这样，当他的客户有需要时，维修工们就能第一时间提供服务。

吉拉德在做好客户服务的同时，也在执行"猎犬计划"——如果谁向他介绍了一笔生意，不管最后是否成交，他都会向对方支付25美元。截至1976年，"猎犬计划"为吉拉德带来了将近150笔生意，约占交易总额的三分之一。他付出了3000多美元的"猎犬"费用，却收获了75000美元的佣金。

曾有人对他的做法提出质疑，说我每个月卖出4辆车，做客户服务都做不过来，你几乎每天都卖6辆车，怎么可能做到你所说的这一切？对此，吉拉德的回应是，有些人脸上永远写着"懒惰"，而我每天都在调动身体内的所有发动机工作。销售无时无刻不在对抗自己身体中的懒惰。

吉拉德支撑我走过了职业低谷，虽然我现在已经很少直接面对客户，虽然他几十年前的销售方法并非完全适用于今天，但他一直是我职业上的引领者。

罗伯特·米勒：销售动作是一个结构化的框架

· 崔相年

从一名售前工程师转岗成为销售一年后，为了达成更好的业绩，我开始主动学习销售的理论知识。这时候，我接触到了米勒·黑曼公司的一些经典著作，其中罗伯特·米勒关于大客户管理的文章给了我很大启发。

米勒 1931 年出生于美国加利福尼亚州圣迭戈市，1953 年毕业于斯坦福大学历史与教育专业。大学毕业后，他加入美国海军，三年后退役，回到斯坦福大学继续深造。获得文学硕士学位后，他来到一所小学担任教师，仅仅用了三年，就从一名普通教师成长为学校的校长。

1965 年，米勒已经在学校做了五年校长，积累了一定的管理经验，这让他开始渴望奔赴更加广阔的战场。他告别熟悉的校园，来到新泽西州普林斯顿市的一家咨询公司。他服务的客户有福特汽车、通用汽车、罗尔斯－罗伊斯航空、塔吉特百货、可口可乐、洛克希德导弹与航天公司等。出色的工作能力让他一步步成为所属公司的美国中西部地区总经理、公司总部销售总监，以及公司副总裁兼北美地区总裁。

经过十年磨炼，米勒在咨询领域赢得了声望。1975 年，他决定独闯江湖，从位于美国东部的新泽西州回到了加州，在旧金山开创事业。三年后，他与曾服务于同一家公司的史蒂芬·黑曼共同创立了米勒·黑曼公司，从事销售咨询与培训行业。

米勒首先主导开发了战略销售课程，侧重销售策略制定。随后他又在 20 世纪 80 年代初期开发了第二门课程——概念销售，侧重销售拜访技巧。

这两门课在销售培训领域颇为风行，至今依然是很多国际知名公司指定的销售培训课程。后来，史蒂芬·黑曼将这两门课程分别沉淀为《新战略营销》[1] 与《新概念营销》[2] 两本书，之后这两本书被翻译成七种语言，风靡全球。它们与米勒的《成功的大客户管理》[3] 共同构成了米勒·黑曼公司的销售方法论。

---

1. 〔美〕史蒂芬·E. 黑曼、〔美〕黛安·桑切兹、〔美〕泰德·图勒加：《新战略营销》，齐仲里等译，中央编译出版社 2008 年版。

2. 〔美〕史蒂芬·E. 黑曼、〔美〕黛安·桑切兹、〔美〕泰德·图勒加：《新概念营销》，官阳译，中央编译出版社 2006 年版。

3. 〔美〕米勒：《成功的大客户管理》，俞缄等译，中央编译出版社 2006 年版。

仔细学习了这套体系后，我对销售这份职业有了全新的理解。

以前，我总是从产品的优势出发，向客户推销，说服对方成交。读了米勒的书后，我才意识到，只有知道客户是怎么买的，才能知道自己应该怎么卖。这意味着我要了解客户的真实需求、购买动机、决策人、决策链条、预算、其他干扰因素等信息，意味着我要在展示产品之前做大量的准备工作。

原来我认为销售是一门艺术，业绩取决于客户的心情好不好，我跟客户的关系是不是足够“铁”，我准备的话术发挥得怎么样，等等。读了米勒的书后，我意识到，销售是一门可以进行结构化拆解的科学，是有步骤、有章法可循的。

销售的结构化流程分为以下几个部分：

第一，判商机，也就是判断眼前这条销售线索是不是一个可推进的商机。其中包括两个方面，一是此项目是否有明确的预算、决策人、需求和时间表，二是产品或方案类型、金额等销售目标是什么。

第二，人找全，也就是 EB、TB、UB 这三类关键人都找到，并且进行充分的沟通。

第三，信息准，也就是掌握 EB、TB、UB 的期望、动机是什么，对我的支持度如何，我的优势是什么，我的风险有哪些，以及以上信息是否可靠，有没有内线可以验证。

第四，牌出对，也就是采取正确的行动，获得更多人，尤其 EB 的支持，以优制劣。

第五，知变化，也就是持续跟踪，识别局势变化。

米勒总结的这套流程化工作方式，帮助我大幅度提升了对职业的认知，使我真正打开了销售这个职业的大门。

尼尔·雷克汉姆：带来划时代的销售变革

·史彦泽

我认为世界上从来不存在什么销售大神。所谓“销售大神”，就是销售的个人能力很强，创造了辉煌的业绩。但放眼整个国家的经济发展，放眼整个人类的商业社会，一个成功的个体能有多厉害呢？他签下再多订单又能怎么样呢？他只能成就个人神话，别人很难复制他的成功，更无法规模化。

在我心中，真正的大神是那些在幕后运筹帷幄的人，他们能够建立一支战斗力超强、纪律严明、作战勇猛、良将如云、业绩规模不断扩张的优秀销售团队，这支队伍有着鲜明的团队文化和骄人的战绩，并且能够成就一家伟大的公司。

那么，是谁在帮助一家公司组建能够在国际市场上开疆拓土的一流销售团队呢？

华为在遭遇发展瓶颈时，请了IBM（国际商业机器公司）、埃森哲这些能够提供销售解决方案的公司做顾问，把世界一流的销售打法内化到自己的销售体系当中，最终取得了今天的成就。事实上，大部分世界知名公司都会聘请咨询公司来调整销售策略、搭建销售团队、组织销售培训。我当年在SAP公司接受培训时，就是来自顶尖咨询公司的顾问和教练对我们进行指导。

从这个角度说，**真正在幕后运筹帷幄的不是哪位企业高管，而是那些世界顶级咨询公司的资深顾问。**他们接触了大量公司，掌握不同行业中成千上万的销售案例，从中提炼出规律，创造性地研发出各类打法，将优秀的经验和科学的能力训练方法不断复制，为一个又一个公司赋能，从而推动了整个商业世界的进步。

在这些顾问中，我个人比较推崇尼尔·雷克汉姆，他是美国荷士卫公司的销售咨询专家。在12年时间里，他和自己的研究小组分析了35000多个销售实例，与10000多名销售人员一起到各地进行工作，观察他们在销售面谈中遇到的实际问题，研究了100多个可以对销售行为产生影响的因素，最终撰写完成《销售巨人》[1]一书，创造了“SPIN顾问式销售”。SPIN的意思分别是：

S（Situation Questions）——针对客户目前的现实情况发问；

1.〔美〕尼尔·雷克汉姆：《销售巨人》，石晓军译，中华工商联合出版社2010年版。

P（Problem Questions）——询问客户有哪些痛点问题；

I（Implication Questions）——问询难点问题中是否包含其他隐性问题；

N（Need-Pay off Questions）——基于以上现实情况和难点问题，确认客户有怎样的需求。

SPIN 顾问式销售是一个站在客户立场上挖掘需求、激发需求的过程，是促使客户主动产生购买意向的销售方法，它帮助许多知名企业大幅度提高了成交率，并促使 IBM、柯达、花旗银行等世界 500 强企业聘请雷克汉姆进行销售管理研究和咨询。

SPIN 顾问式销售虽然看起来并不复杂，也是今天大部分销售都会学习的内容，但在当时，它的出现推动了整个销售行业的进步，训练了此后一代又一代销售人员，直到今天依然影响深远。

SPIN 顾问式销售改变了销售工作本身，使销售方法从过去以产品为中心，不管客户是否需要、处境如何，都用一套标准话术强行推销，演变为以客户为中心，从不同客户的个性化需求入手，真正为客户解决问题。它帮助销售与客户实现了真正的对话，而不是自说自话。同时，这种销售技巧不受产品和行业限制，只要是目标客户决策时间较长、采购风险比较大的产品，它都适用。

SPIN 顾问式销售也拓展了销售管理的方法，促使公司在销售拜访客户之前，组织力量反复研究销售过程，不断预演各种可能产生的销售问题，由此推动销售顺利开展工作，提高成交率。

SPIN 顾问式销售的产生，还使销售培训行业发生了深刻变化，从过去的简单话术演练，演变为挖掘客户需求、设计问题、应对客户的不同回答等流程更为复杂、环节更为多样的培训课程。

虽然现在大多数销售都知道 SPIN 顾问式销售，但并不是每一个销售都能把它用好，很多销售在见客户时，还是一上来就打开 PPT 讲产品，没有与客户产生真正的对话，这是导致销售无法成单、总是做无用功的主要因素。雷克汉姆的理论在今天依然具有举足轻重的价值，值得销售好好学习。

CHAPTER 6

第六章 行业清单

欢迎来到本书的最后一章。

在这里，我们将以清单的形式为你介绍销售职业的发展历史、专业术语等，方便你快速查阅；同时，我们还邀请受访老师为你推荐了他们各自心目中重要的书籍、媒体资料等，帮你进一步深入了解销售的专业知识和职业特点。

销售是一个实践性很强的职业，同时也有着丰富的理论总结。《我能做销售吗》这本书可能只是你了解这个职业的开始，让我们继续启程吧！

行业大事记

炎帝神农氏始作集市

传说公元前 3000 年左右，炎帝神农氏始作集市，开始了最早的商品交易活动。

王亥服牛

传说夏朝（约前 2070—约前 1600 年）商国第七任国君王亥赶着牛群，与四周部落进行以物易物的商业贸易活动，他被认为是中国历史上较早专门从事买卖的生意人。

古希腊商业文明兴起

古希腊时期（前 800—前 146 年），手工业和造船技术的进步，使古希腊的商业文明形成一个完整的体系。

“商人”出现

西周（前 1046—前 771 年）初期，商朝遗民没有立足之地，便通过贩卖货品维持生活，逐渐形成了“商人”这种固定性职业。

“工商食官”制度产生

西周中后期，手工业者和商贾成为官府奴仆，按照官府的规定从事生产和贸易。

自由商人发展

春秋时期（前 770—前 476 年），私营工商业兴盛，从前受贵族统治的商贾成为自由商人，范蠡就是这一时期的成功商人。

秦朝（前 221—前 207 年）实行商鞅变法，严厉打击商业，商人不准做官从军，这一政策的影响一直延续到汉朝和唐朝初期。

重农轻商的传统形成

《罗马法》保护私有财产的占有和交换

罗马帝国和西罗马帝国时期（前 27—476 年），市场经济获得了必要的法治环境。

唐朝（618—907 年）中期，政府保护商人经营，禁止收取杂税，商人可入仕，参加科举。

商人地位提高

威尼斯成为商业复兴的策源地

10 世纪，地中海的贸易得以恢复，商人阶层得到发展，并形成了行会。

15—17 世纪，新航路的开辟使西班牙、荷兰、英国等大西洋沿岸国家贸易繁荣，欧洲商人的足迹开始遍布全球。

地中海贸易被大西洋贸易取代

批发、零售业务繁荣

宋朝（960—1279 年），商品经济快速发展，商人出现了批发、零售的职能划分，并通过行会组织将其他商人排除在外，以达到垄断目的。

明朝（1368—1644 年）万历年间，商人队伍不断壮大，出现了以血缘、乡谊为纽带的“商帮”组织，每个商帮基本均由行商（贩商）、坐贾（铺商）、牙商（中介商）三种商人构成。

“商帮”开始出现

自由贸易快速发展

18世纪中期，英国完成第一次工业革命，人类进入“机器时代”，工厂大量出现，重商主义转向自由贸易，促使商品快速流通，商人规模进一步扩大。

营销思想开始孕育

19世纪末，第二次工业革命使人类进入“电气时代”，生产效率快速提高，一些企业遇到难以把产品卖出去的难题，现代意义上的营销思想开始孕育。

现代销售职业产生

1900年左右，英国的一家保险公司将保险收单员与发放保险宣传页的人员分开，原本发放宣传页的人员专门负责保单的销售，保险公司因此业绩大增，职业销售开始出现。

第一本市场营销学教科书问世

1912年，哈佛大学教授赫杰特齐出版了《市场营销学》一书，书中主要研究了推销术、分销及广告方面的问题。这本书的出版标志着市场营销学作为一门独立学科出现。

销售职业快速发展

1929—1933年，全球爆发经济危机，产品大量积压，市场营销学开始从课堂走向社会实践，销售朝着更加专业化的方向发展。

中国销售职业起步

20世纪30年代，上海成为中国的经济中心，涌现出大量知名品牌，专门从事零售的销售人员开始出现。

美国市场营销协会成立

1937年，美国市场营销协会由市场营销企业界及学术界人士发起成立，是市场营销从业者和学术研究人员的重要资源平台。

以消费者为中心

20世纪50年代，第三次工业革命使生产力再次提高，市场供过于求的矛盾进一步被激化，销售方法论从“以生产为中心”转变为“以消费者为中心”。

4P理论产生

1960年，美国著名市场营销学家杰罗姆·麦卡锡出版《基础营销》一书，从企业管理者角度提出了市场因素中的可控部分，即产品（Product）、价格（Price）、促销（Promotion）、渠道（Place），也就是著名的4P理论。

销售理论蓬勃发展

20世纪70—80年代，尼尔·雷克汉姆的《销售巨人》、罗伯特·米勒的《成功的大客户管理》，米勒·黑曼公司的《新战略营销》《新概念营销》等著作相继出现，推动了销售理论的发展。

中国自由商业开始出现

20世纪70年代末，党的十一届三中全会明确提出我国社会主义经济是有计划的商品经济。

中国出现职业销售

20世纪80年代中后期，我国沿海经济特区的企业开始出现职业销售，大量来自国外的销售理论书籍、营销书籍被翻译引进。

阿里巴巴中供铁军

2000年，阿里巴巴推出“中国供应商”服务，成立中国供应商直销团队，以“让天下没有难做的生意”为使命。“中供铁军”成就了阿里巴巴，塑造了一大批互联网创业者和高管，如滴滴打车创始人程维、美团前COO干嘉伟等。

华为铁三角

2004年，华为苏丹代表处在苏丹电信项目中首次提出“铁三角”的说法。“铁三角”就是客户经理、产品经理、交付经理组成联合团队，在客户侧统一界面和工作接口。2007年，华为开始在内部推广“铁三角”。

新零售

2016年，阿里巴巴在杭州云栖大会上首次提出了“新零售”概念，之后腾讯、百度、京东等企业纷纷开始新零售的探索之路。新零售以大数据为驱动，通过新科技发展和用户体验的升级，改造零售业形态。

电商直播

2016年3月，直播电商首创者蘑菇街率先上线视频直播功能；5月，淘宝推出了淘宝直播；随后各电商平台纷纷开始尝试直播卖货。

行业术语

（一）专业名词

SPIN：SPIN 顾问式销售法由美国的尼尔·雷克汉姆在IBM、Xerox（施乐）等公司的赞助下，通过对众多销售人员的跟踪调查总结提炼而成。这一方法指出，销售人员在与客户接洽时，要按照以下四个步骤进行沟通：

S（Situation Questions）——针对客户目前的现实情况发问；

P（Problem Questions）——询问客户有哪些痛点问题；

I（Implication Questions）——问询难点问题中是否包含其他隐性问题；

N（Need-Pay off Questions）——基于以上现实情况和难点问题，确认客户有怎样的需求。

AIDA：也称“爱达公式”，是国际推销专家海英兹·姆·戈得曼总结的推销模型。它描述了客户从接触外界信息到购买的过程，强调销售必须把顾客的注意力吸引到产品上，使顾客对产品产生兴趣和购买欲望，进而发生购买行为，达成交易。

AIDA 销售模型分为四个阶段：

A（Attention）——引起客户的注意；

I（Interest）——激发客户的兴趣；

D（Desire）——刺激客户的购买欲望；

A（Action）——促成客户的购买意向或购买行为。

FAB：销售向客户讲解产品的法则，三个字母的意思分别是：

F（Feature）——特点和亮点；

A（Advantage）——属性和特性；

B（Benefit）——好处和作用。

该法则既可以由 F 到 B，也可以由 A 到 B。也就是说，销售在介绍产品亮点或属性时，一定要紧接着带出它的好处和作用。

FABG：在 FAB 法则的基础上发展而成的销售模型，指销售人员在提出产品的属性或亮点能够带给客户的好处后，进一步通过反问的方式（Grabber）重申商品的价值，获得顾客的认同。

FABE：由俄克拉荷马大学企业管理博士、中兴大学商学院院长郭昆漠总结出来的销售模型，是非常典型的利益推销法。他在 FAB 法则的基础上增加了 E（Evidence），也就是证据，通过技术报告、顾客来信、报刊文章、照片、示范等客观权威的文件，印证自己之前的一系列介绍，巧妙处理顾客关心的问题，从而顺利实现产品的销售。

USP：Unique Selling Proposition，也称“创意理论”，指销售人员在向客户陈述产品卖点时，必须提出“独特的销售主张”。所谓“独特”，包含三层意思：必须给予消费者一个明确的利益承诺；必须是唯一的、独特的，其他同类竞争产品不具有或没有宣传过的卖点；必须有利于促进销售。USP 理论由美国销售大师罗瑟·瑞夫斯在 20 世纪 50 年代初提出。

LAMP：Large Account Management Process，大客户管理，是美国营销专家罗伯特·米勒总结提炼出的大客户经营模式，其中包含销售人员与大客户关系的五个层级：

第一层级：商品供应商；

第二层级：能提供便捷的贵宾级服务的供应商；

第三层级：能提供额外的上乘服务和技术支持的供应商；

第四层级：能帮助解决公司业务问题的供应商；

第五层级：能帮助公司优化组织结构、解决一系列内部事务，提升组织效率的供应商。

销售与大客户的关系层级越高，竞争越少，大客户对价格的敏感度就越低。

CRM：Customer Relationship Management，客户关系管理系统，是一种销售管理综合 IT 系统，通过对企业业务流程的拆分来整合用户信息资源，在企业内部实现信息和资源的共享，从而降低企业运营成本，为客户提供更经济、快捷、周到的产品和服务。它源于“以客户为中心”的新型商业模式，是一种旨在改善企业与客户关系的新型管理机制。

SCRM：Social Customer Relationship Management，社会化客户关系管理系统。传统的CRM系统将客户的背景资料、消费情况等整理出来，通过系统进行持续跟踪、记录和归档；SCRM系统则强调消费者的参与和互动，让消费者的需求和想法与品牌的定位和发展紧密结合。

PMF：Product Market Fit，产品和市场的匹配度，由企业家马克·安德森在2007年提出，旨在评估一款产品或服务能否真正在市场生存。它包含五个关键要素：目标用户、用户未被满足的需求、销售的价值主张、产品的功能、用户体验。在这个层级模型中，每个要素就是金字塔的其中一层，并直接与它的上下层相关联。

行业黑话

打单：指销售从收集客户线索到签订合同的完整销售过程。

陌拜：即陌生拜访，指不经过预约，直接对陌生客户进行登门拜访，是销售常用的寻找客户的方式。

扫街：陌拜的一种，指销售人员因为缺乏目标客户，以一条街、一个商业区或工业区为限，挨个拜访其中的企业或相关人员，从中找出潜在客户。

扫楼：陌拜的一种，指销售人员对住宅楼或写字楼进行逐楼逐层、挨家挨户地拜访。

飞单：指销售人员拿到订单后，不将订单交给所属公司，而是介绍给其他公司，以获得更高的佣金或达到其他目的。这一行为违反了《中华人民共和国劳动合同法》，情节严重的会被追究刑事责任。

私单：指销售人员拿到订单后，不将订单交给所属公司，而是交给自己所有的公司，独吞所有收益。这一行为同样违反《中华人民共和国劳动合同法》，情节严重的会被追究刑事责任。

挂单：指买方和企业内部员工及销售人员协商，表面上由员工按正常销售步骤售卖商品，实际上将销售佣金多方分成。也指销售经理或主管将自己的订单挂在下属销售顾问的头上，利用公司业绩越高、提成比例越高的政策，赚取更多提成。这些行为违反了销售的职业道德，通常会遭到公司的处罚。

抢单：指在一个公司内部，不同销售员为了争取同一个客户而发生的争抢行为。现在，大多数企业会通过 CRM 系统来规避抢单的发生。通常情况下，谁先在系统中对一名客户进行备案，这名客户就算作谁的客户。如果系统提示该销售员长期没有维护、跟进已备案客户，那么这名客户就可以由其他销售人员跟进。

逼单：也称“催单”，指销售人员利用客户的痛点、价值观或其他重点关注事项，指出不成交可能造成的严重后果，采用强势的姿态强迫客户成交。

回扣：也称“返佣”，指卖方将买方支付的商品款项按一定比例返还给买方，可分为“账内明示”回扣和“账外暗中”回扣。“账外暗中”回扣违反职业道德，是《中华人民共和国刑法》第 163 条第 2 款明文禁止的行为。如果收取回扣金额在三万元以上，可能构成非国家机关工作人员受贿罪。

CLOSE：指销售人员在销售工作中，通过展示合同、报价、优惠等信息来试探、邀请客户做出购买决定的动作。

推荐资料

(一)书籍

·〔美〕博恩·崔西:《博恩·崔西销售圣经》,路言春译,化学工业出版社 2010 年版。

推荐人:崔相年

推荐理由:书中有很多学者的研究成果,看了这本书,你会知道,销售是一门科学,可以用科学的方法学习和实践。

·〔美〕史蒂芬·柯维:《高效能人士的七个习惯》,高新勇译,中国青年出版社 2018 年版。

推荐人:崔相年

推荐理由:销售要理解客户的人性化部分,通过同理心或换位思考来看待客户,这本书可以帮助你理解客户高层的某些思维或行为方式。

·夏凯:《信任五环:超级销售拜访技巧》,机械工业出版社 2011 年版。

推荐人：崔相年

推荐理由：销售最基础的基本功，从认知客户的认知开始。书中有各种人物场景式的对话，以及大量的正反案例。通过阅读这本书，你会知道，做好销售并不难。

·〔美〕帕科·昂德希尔：《顾客为什么购买》，缪青青、刘尚焱译，中信出版集团 2015 年版。

推荐人：邵慧宁

推荐理由：帕科·昂德希尔被誉为“零售业的福尔摩斯”，他通过跟踪观察购物者，分析他们的购买行为与消费心理，为商家总结了可参考和借鉴的消费者购物行为经验，并提供了应对这些消费行为的对策和良方。本书为零售“神书”，零售人必读。

·〔美〕谢家华：《三双鞋》，谢传刚译，中华工商联合出版社 2011 年版。

推荐人：邵慧宁

推荐理由：关于怎样把个人的梦想融入工作，如何打造零售团队的服务氛围和团队文化，这本书给了我深刻的启发。

·〔日〕大野耐一：《大野耐一的现场管理》，崔柳译，机械工业出版社 2011 年版。

推荐人：邵慧宁

推荐理由：关于丰田汽车经营管理的入门书籍，对零售工作也很有启发。如果想让零售工作有好的结果，你必须走到现场，做好“现场管理”，精耕细作，持续精进。

·〔以〕艾利·高德拉特、〔美〕杰夫·科克斯：《目标》，齐若兰译，电子工业出版社 2012 年版。

推荐人：邵慧宁

推荐理由：虽然这本书主要讲的是工厂管理，但同样适用于零售行业。零售行业并不是只关注一件件商品的销售，也要跳出细节，把控全局，找到瓶颈，消除瓶颈。

· 张烈生：《B2B 销售原理与实践》，人民邮电出版社 2020 年版。

推荐人：崔相年

推荐理由：这本书中有很多销售方法，如分析客户、排兵布阵、销售赢单方法，以及十多个销售实战案例。有一定经验的销售，可以通过这本书了解如何进一步提升自己；由 ToC 转做 ToB 的销售，可以把这本书作为销售专业教材。

·〔英〕约翰·惠特默：《高绩效教练》，徐中、姜瑞、佛影译，机械工业出版社 2018 年版。

推荐人：崔相年

推荐理由：这本书不是教你训练客户、训练下属，而是训练自己，帮助你换一种思维和自己对话、和客户对话，让你在做销售的过程中不再迷失方向，知道自己做对了什么，还可以有哪些行动。

·〔美〕戴尔·卡内基：《人性的弱点》，胡晓姣、乔迪、朱奕芸译，中信出版集团2012年版。

推荐人：穆熙双

推荐理由：这本书教给我们处世的基本原则和生存之道，是每个销售的人生必修课。

·李昊轩：《一本书读懂销售心理学》，中国商业出版社2012年版。

推荐人：穆熙双

推荐理由：其实，我们每个人都是销售，有人销售观念，有人销售信任，有人销售爱……生活中我们无时无刻不在销售，要想学会销售，就必须懂得销售心理学。

·〔美〕威尔·鲍温：《不抱怨的世界》，陈敬旻译，陕西师范大学出版社2009年版。

推荐人：穆熙双

推荐理由：抱怨是消耗能量的无益举动，优秀的人从不抱怨。这本书会告诉你如何修炼不抱怨的能力，改变自己的心智模式。

（二）网络媒体

网站：人人都是产品经理

推荐人：张磊

推荐理由：这个网站可帮助销售培养产品思维，以产品经理的视角，时刻反思自己的销售策略。

网站：36氪

推荐人：张磊

推荐理由：很不错的商业资讯和商业评论网站，有助于销售了解商业的本质、最新变化与趋势，激发销售策略的创新。

视频节目：圆桌派

推荐人：张磊

推荐理由：这不仅是一个好看的谈话节目，更可以让销售从中学习如何提问。

（三）“得到”知识城邦

扫码关注崔相年

城邦动态随时看

扫码关注穆熙双

城邦动态随时看

扫码关注张磊

城邦动态随时看

扫码关注邵慧宁

城邦动态随时看

后记

这不是一套传统意义上的图书，而是一次尝试联合读者、行业高手、审读团一起共创的出版实验。在这套书的策划出版过程中，我们得到了来自四面八方的支持和帮助，在此特别感谢。

感谢接受“前途丛书”前期调研的读者朋友们：蔡艺、陈晓磊、葛鹏起、黄粤波、金丰杰、金亚楠、旷淇元、李中虎、连瑞龙、马剑、石建银、石云升、单汝峰、孙颖、魏虎跃、王子余、小鱼、杨明、赵二龙、张丽、赵声福、曾一珩、张政伟、周健等。谢谢你们对“前途丛书”的建议，让我们能研发出更满足读者需求的产品。

感谢“前途丛书”的审读人：Tian、安夜、柏子仁、陈大锋、陈嘉旭、陈硕、程海洋、程钰舒、咚咚锵、樊强、郭卜兑、郭东奇、韩杨、何祥庆、侯颖、黄茂库、江彪、旷淇元、冷雪峰、李东衡、连瑞龙、刘昆、慕容喆、乔奇、石云升、宋耀杰、田礼君、汪清、徐杨、徐子陵、严童鞋、严雨、杨健、杨连培、尹博、于婷婷、于哲、张仕杰、郑善魁、朱哲明等。由于审读人多达上千位，篇幅所限，不能一一列举，在此致以最诚挚的谢意。谢谢你们认真审读和用心反馈，帮助我们完善了书里的点滴细节，让这套书以更好的姿态展现给广大读者。

感谢得到公司的同事：罗振宇、脱不花、宣明栋、罗小洁、张忱、陆晶靖、冯启娜。谢你们在关键时刻提供方向性指引。

感谢接受本书采访的五位行业高手：史彦泽、崔相年、张磊、穆熙双、邵慧宁。谢谢你们抽出宝贵的时间真诚分享，把自己多年来积累的经验倾囊相授，为这个行业未来的年轻人提供帮助。

最后感谢你，一直读到了这里。

有的人只是做着一份工作，有的人却找到了一生所爱的事业。祝愿读过这套书的你，能成为那个找到事业的人。

这套书是一个不断生长的知识工程，如果你有关于这套书的问题，或者你有其他希望了解的职业，欢迎你提出宝贵建议。欢迎通过邮箱（contribution@luojilab.com）与我们联系。

“前途丛书”编著团队

图书在版编目（CIP）数据

我能做销售吗／章凌编著；史彦泽等口述．-- 北京：新星出版社，2023.4
ISBN 978-7-5133-4967-3

Ⅰ．①我… Ⅱ．①章… ②史… Ⅲ．①销售－方法－通俗读物 Ⅳ．① F713.3-49

中国版本图书馆 CIP 数据核字 (2022) 第 121216 号

我能做销售吗

章 凌 编著
史彦泽 崔相年 张 磊 穆熙双 邵慧宁 口述

责任编辑：白华召
总 策 划：白丽丽
策划编辑：师丽媛 张慧哲
营销编辑：陈宵晗 chenxiaohan@luojilab.com
装帧设计：李一航
责任印制：李珊珊

出版发行：新星出版社
出 版 人：马汝军
社 址：北京市西城区车公庄大街丙 3 号楼 100044
网 址：www.newstarpress.com
电 话：010-88310888
传 真：010-65270449
法律顾问：北京市岳成律师事务所

读者服务：400-0526000 service@luojilab.com
邮购地址：北京市朝阳区温特莱中心 A 座 5 层 100025

印 刷：北京盛通印刷股份有限公司
开 本：787mm × 1092mm 1/32
印 张：10
字 数：181 千字
版 次：2023 年 4 月第一版 2023 年 4 月第一次印刷
书 号：ISBN 978-7-5133-4967-3
定 价：49.00 元